철학 인터뷰, 그분이 알고 싶다

철학 인터뷰, 그분이 알고 싶다

철학 인터뷰, 너무 어려운데
역대급 철학자 7명과의
신개념 철학 토크
03:14
365
싫어요
좋아요
리믹스
다른
구독
@ 소크라테스
Love yourself
Shorts
홈
구독
나
서정욱 지음

차례

철학자들의 목소리로 듣는 '찐' 철학

철학 전문 유튜버 '철사'가

역대급 철학자들과 나누는 아주 특별한 인터뷰

오늘 저녁 8시 첫 방송! 놀라지 마세요!

갓생러 여러분, 안녕?

갓생을 꿈꾸는 세상의 모든 갓생러를 위해 필수템만 꼭 찍어서 아~ 입에 넣어 주는, 역시 갓생러를 꿈꾸는 유투버 철사입니다. 아, 철사가 뭐냐고요? 안다고요? 맞아요! 여러 갓생러가 이미 생각하고 있는 그것! '철학을 사랑하는 유튜버'의 줄임말이에요

갓생러 여러분, 혹시 그거 아세요? 세상에서 가장 오래된 학문이 철학이라는 거. 아마 몰랐겠죠? 철학을 사랑하는 이 철사도 얼마 전에 알았으니까요. 왜 몰랐는지 알아요? 이유는 간단해요.

철학은 학교에서 배우는 과목이 아니니까요.

우리 주변에 '철학'을 이야기하는 사람이 많아요. 정치가들은 정치 철학을 주장하고, 기업인들은 경영 철학을 말하죠. 그뿐 아니라 어른들은 모이기만 하면 인생 철학을 논해요. 왜 이렇게 철학을 이야기할까요? 제가 조금 알아보니 철학은 정말 대단한 학문이더라고요.

우리가 요즘 갓생을 이야기하는데, 철학자들은 무려 2,500년 전에도 갓생을 이야기했더라고요. 갓생러의 특징이 뭔지 알죠? 현실에 집중하고 목표를 이루기 위해 계획을 철저하게 짜고 적극적으로 실천하는 것, 더 나아가 다른 사람의 모범이 될 만한 자신만의 삶을 사는 것. 그런데 철학자들이 바로 이런 갓생러였더라고요. 저도 정말 놀랐어요.

좌우간, 이 철사가 직접 등판하여 인생 대선배이신 철학자들의 갓생 비결을 캐내려고 합니다. 기대해도 좋을 거예요.

어떤 철학자들을 만날지 살짝 이야기해 줄까요? 여러분이 잘 아는 소크라테스! '너 자신을 알라', '악법도 법이다' 등 많은 명언을 남긴 철학자죠? 귀족 출신도 아니고, 부유한 것도 아니었지만 자존감 하나만은 천하의 누구보다 센 철학자! 그러면서 자신이 한 일에 대해서는 철저하게 책임을 지는 사람.

그뿐인가요? 이상 국가를 설파한 플라톤, 고대 그리스의 행복 전도사 아리스토텔레스, 늦잠을 사랑한 의심의 대가 데카르트, 걸어 다니는 인간 시계 칸트, 자유를 사랑한 밀, 아모르 파티에 초대하는 니체까지 이름만 들어도 알 법한 철학자들이지요. 이들의 삶을 들여다보면 모두가 갓생의 삶을 즐기고 널리 알렸더라고요. 놀랍지 않아요?

갓생을 위해 밤낮없이 뛰는 이 철사도 "철학을 배워서 어디다 써?" 하는 이야기를 들어본 적이 있어요. 그런 이야기를 한 사람은 철학이 실용적이지 않다고 생각했을 거예요. 그러나 제가 갓생러가 목표인 우리 10대들을 위해 이 말이 틀렸다는 걸 증명해 줄게요. 철학자들과의 만남을 통해서요.

이제부터 철학자들을 직접 만나 인터뷰해서 그들의 사상을 들어보겠습니다. 그리고 그들의 대표 사상이 우리의 삶과 어떻게 연결되는지 짚어 보고, 철학을 일상에서 어떻게 실천해야 우리가 갓생을 사는 갓생러가 될 수 있는지 알아보겠습니다. 갓생러로 살고 싶으면 갓생러로 산 철학자의 생각과 삶을 배우는 것이 지름길이겠지요.

이번 방송은 갓생을 꿈꾸는 청소년에게 큰 울림을 줄 거예요. 이 철사가 확신합니다!

기대하시라! 철학자의 갓생 노하우 대방출!

나를 있는 그대로
받아들이세요
@소크라테스
구독자분들을 위해 타임라인 찍어 드립니다!
0:15 세상에서 가장 지혜로운 사람
0:18 대화법의 탄생
0:20 지식에서 지혜로
0:24 신탁을 받은 무신론자
0:27 나를 있는 그대로 받아들이기
0:29 MC 요약

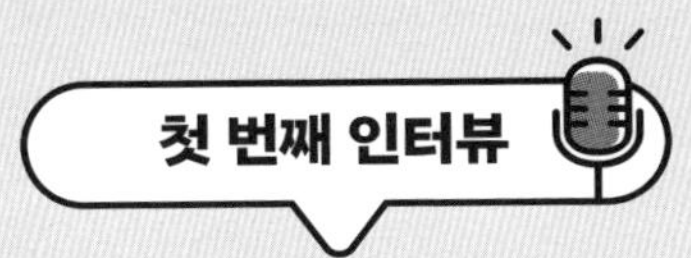

소크라테스

기원전 470년(추정) ~ 기원전 399년

고대 그리스의 철학자. 예수, 석가모니, 공자와 함께 4대 성인으로 꼽힌다. 대화를 주고받으며 무지를 일깨우고 지혜를 발견하는 대화법을 고수했다. 후세에 남긴 책은 없으나 제자였던 플라톤이 남긴 책을 통해 그의 사상이 전해진다.

오늘은 고대 그리스를 대표하는 철학자 중 한 분을 특별히 모셨습니다. 이분은 귀족 출신도 아니고, 집안이 부유하지도 않았다고 합니다. 그런데도 평소 잘난 체하며 아테네 시내를 활보하고 다닌 것으로 유명했다는데요.

실제로 이분은 '세상에서 가장 지혜로운 사람'이라는 별명을 가지고 있습니다. 아니, 가장 지혜로운 사람인지 어떻게 아냐고요? 신을 모시는 신전에서 신탁으로 알려 주었대요. 믿기 어렵죠? 그럼, 이분을 직접 모셔서 이야기를 한번 들어 볼까요? 철학자들의 철학자, 소크라테스 님입니다!

소크라테스 안녕하세요? 이름도 성도 없이 그냥 소크라테스입니다. 여러분, 반갑습니다. 모든 사람이 구독한 다음 '좋아요'를 눌러 달라고 부탁하더라고요. 전 그런 부탁 안 합니다. 아마 여러분은 이 방송 도중 그냥 자신도 모르게

'좋아요'를 누르고 있을 겁니다. 하하하.

철사 4대 성인 중 한 분이라면서요? 저희 구독자들께 본인 자랑 좀 해 주시죠.

소크라테스 아, 저도 잘은 모릅니다.

철사 네? 모르다뇨. 그게 무슨 말이죠?

소크라테스 말 그대로 모르는 게 제 자랑입니다.

철사 세상에서 가장 지혜로운 사람이라던데요. 아, 그런데 고대 그리스의 시인 아리스토파네스가 자신의 책 《구름》에 소크라테스 님을 지혜라고는 눈곱만큼도 없는 사람으로 묘사했다던데…… 설마 그게 사실이었나요?

소크라테스 흠, 그야 보기 나름 아닐까요? 남들은 어떻게 생각할지 모르지만 아리스토파네스의 《구름》은 참 좋은 책입니다. 아리스토파네스가 아니었다면 제가 이렇게까지 유명해지진 못했을 거예요. 하지만 제가 세상에서 가장 지혜로운 사람인 것도 맞습니다. 참고로, 전 거짓말은 안 한다고요.

철사 알쏭달쏭합니다. 모르는 게 자랑인데 어떻게 세상에서 가장 지혜로운 사람이 되신 겁니까?

세상에서 가장 지혜로운 사람

소크라테스 그 이야기부터 시작해야겠군요. 제게 카이레폰이라는 친구가 있었죠. 어느 날 그 녀석이 델포이 신전에서 신탁을 청할 일이 있다고 같이 가자고 하더라고요.

철사 고대 그리스 사람들이 무언가 궁금할 때 신전에 가서 물으면 신이 그 대답으로 신탁을 들려주었다지요?

소크라테스 네. 바로 그 신탁! 저는 카이레폰과 달리 딱히 신에게 물어볼 것도 없었죠. 하지만 신전 안에 궁금한 게 있어서 친구를 따라나섰습니다.

철사 그야말로 친구 따라 강남 가셨군요. 그래서요?

소크라테스 엉뚱하게도 카이레폰이 신에게 "이 세상에서 누가 가장 지혜로운 사람이냐" 라고 물었다고 하더군요. 그런데 문제는 신탁의 내용이었어요. 이 세상에 바로 저, 소크라테스보다 지혜로운 사람이 없다는 겁니다!

철사 에이, 친구가 정말 그런 신탁을 들은 건지 믿을 수 있나요? 그리고 소크라테스 님은 신탁 받을 것도 없으면서 거긴 왜 가신 거예요?

소크라테스 제가 델포이 신전을 찾은 이유가 있었어요. 당시 그리스에 지혜로운 사람 일곱 명이 있었는데, 그

사람들이 바로 델포이 신전에 자신들의 좌우명을 새겨
뒀거든요.

철사　　마음에 쏙 드는 좌우명이라도 발견하셨나요?

소크라테스　어떻게 알았죠? 보자마자 마음에 딱 들어온 좌우명이
있었어요. 바로 '너 자신을 알라'입니다. 그 글귀를 보는
순간 심장이 멎는 줄 알았습니다. 얼마나 흥분했는지
친구가 하는 말이 한마디도 귀에 들어오지 않았죠.
그런데 생각해 봐요. 신탁을 들은 친구는 또 얼마나
놀랐겠어요? 우리는 각기 다른 이유로 흥분해서
떠드느라 무슨 말을 하고 어떻게 집에 돌아왔는지
기억도 안 났죠. 정신이 하나도 없었지!

철사　　전 그 말을 소크라테스 님이 처음 한 줄 알았는데,
아니었나요?

소크라테스　그 이야기를 하자면…….

철사　　잠깐만요, 그 전에 짚고 넘어가야 할 게 있죠. 신탁이
맞긴 한 거예요?

소크라테스　좀 끈질긴 면이 있군요. 저도 놀라긴 했지만…… 신탁은
신의 뜻입니다. 신이 제가 가장 지혜로운 사람이라
말했고요. 신의 말은 명령과 같고, 제게는 그 명령을
따라야 할 의무가 있죠. 그래서 저는 신의 뜻이 무엇인지

알아내고 싶었습니다.

철사 신의 뜻을 한번 헤아려 보려 했다는 말씀인가요?

소크라테스 그렇죠.

철사 어떻게요?

소크라테스 일단 지혜로운 사람을 찾아가는 거죠. 그 사람과 지혜에 관한 이야기를 나눠 보면 얼마나 지혜로운지 알 수 있잖아요.

철사 찾아간 다음 어떻게 하셨어요?

소크라테스 하하. 제가 지혜를 겨루는 방법이 좀 독특합니다. 모르는 것을 계속 물어보거든요.

철사 정말 짜증 나는 방법이네요. 그렇게 말꼬리를 잡고 늘어지면 결국에는 답을 할 수 없잖아요?

소크라테스 저와 지혜를 겨룬 상대들이 짜증을 낸 것도 이해해요. 하지만 정말 지혜로운 사람이라면 계속되는 질문이라도 답할 수 있어야 한다고 봐요. 계속되는 질문에 답이 막힌다면 정말 지혜로운 사람이 아니죠. 제 방법을 사람들은 '대화법'이라고도 부르더군요.

철사 저도 들어봤어요! 소크라테스 님 하면 대화법 아닙니까? 그 대화법이라는 것은 어떻게 탄생했나요?

대화법의 탄생

소크라테스 글쎄요, 저도 곰곰이 생각하다가 제 어린 시절을 한번 거슬러 올라가 봤죠. 그런데 그 대화법이 바로 우리 부모님의 직업에서 물려받은 것이더라고요. 어머니는 아기를 낳을 때 받아 주는 산파였고, 아버지는 돌을 조각하는 석공이었거든요.

철사 반전이네요. 귀족 집안에서 지원을 팍팍 받으며 공부하셨을 것 같은데…….

소크라테스 이래 봬도 제가 혼자 힘으로 성공한 자수성가 타입이라고요. 하하!

철사 그런데 부모님의 직업이 대화법이랑 무슨 연관이 있는 거죠?

소크라테스 자, 잘 들어 봐요. 제 어머니는 임신부가 출산할 때 아기를 받아 주는 산파라고 했죠. 산파가 아기를 받을 때 거칠게 다루면 되겠습니까? 당연히 안 되죠. 아주 조심스럽게 받아야 해요. 그리고 조각가가 거친 돌이나 나무를 깎을 때를 생각해 보세요. 원석이나 원목을 보고 무엇을 만들지 조각가는 생각할 겁니다. 조각을 시작할 때는 다소 투박하게 돌이나 나무를 다룰 수도 있습니다. 그러나 작품이 완성 단계로 갈수록 조각가는 조심스러워집니다. 조각가의 실수로 끌이나 정이 한 번 잘못 지나가면 그 작품은 망가지고 말거든요. 그러니 조각가가 얼마나 신중하게 재료를 다루고 작품을 다듬겠습니까?

철사   정말 그렇네요. 아, 대화법을 산파법이라고도 부르던데 어머니의 영향 때문이었군요.

소크라테스   맞습니다. 엄마 뱃속의 아기나 돌 속에 담겨 있는 작품처럼 사람에게 지혜를 끌어내는 거예요. 그런데 애초에 속에 지혜가 있어야 끌어낼 수 있는 것입니다. 없는 것을 끌어낼 수는 없는 법이죠.

철사   잠깐만요. 듣기로는, 지혜를 겨루고 나면 꼭 상대에게 "너 자신을 알라"라고 해서 욕을 엄청 먹었다던데요. 도대체 무슨 의미로 그런 말을 하신 겁니까? 설마 진짜 비꼬신 건가요?

소크라테스   전혀 아닙니다. 사람들이 오해하는데 절대 상대방을 화나게 하려고 한 말이 아니에요. 단지 그 사람들에게 알려 주려고 했을 뿐이라고요. '나는 모른다'를 받아들이는 것부터가 지혜라는 사실을요! 그 사람들은 '지혜' 그 자체보다는 '지혜로워 보이는 것'에 더 관심이 많았어요.

철사 거참, 점점 어려워지는데요.

소크라테스 물론 그 사람들을 이해 못 하는 건 아닙니다. 기분이
나쁘고 화도 났겠죠. 하지만 분명한 것은 자신보다 더
지혜로운 사람이 있다는 것을 알았으면 그것을 인정할
줄 알아야 합니다. 그에 비해 저는 제 자신의 무지를
인정하죠.

철사 음, 그건 맞지만요…….

소크라테스 생각해 봐요. 내가 뭘 안다고 착각하는 것보다 더 바보
같은 일이 있나요? 내가 뭘 모르는지 아는 사람은 발전할
가능성이 있으니 정말 지혜로운 사람 아닐까요?

철사 듣고 보니 그렇네요. 이야, 대화해 보니, 역시 소크라테스
님입니다. 벌써 홀렸어요!

소크라테스 하하하. 제가 지금 태어났으면 아마 방송에서 이름깨나
날렸을 겁니다.

지식에서 지혜로

철사 궁금한 게 하나 있습니다. 지식과 지혜는 다른 건가요?
같은 말 아닌가요?

소크라테스 지식이라……. 우리 사회에는 사람을 평가하는
여러 방법이 있죠. 예를 들어 대한민국에서 대학에
진학하려는 학생들은 대학수학능력시험을 봐요.
대학교에서는 이 시험 점수를 참고해서 학생이 얼마나
성실하고 우수한지 판단해 입학을 결정하고요. 자, 그럼
그 시험이라는 것을 한번 살펴봅시다. 시험 문제에는
정답이 있죠. 정답이 있다는 것은 오답도 있다는
뜻입니다.

철사 그렇죠.

소크라테스 시험에서 어떤 문제의 정답은 한 번만 적용되나요,
아니면 언제 어디서 풀든 그 문제의 정답은 똑같이
적용되나요?

철사 당연히 같은 문제의 정답은 언제 어디서든 늘 같죠.

소크라테스 맞아요. 아주 잘 알고 있군요. 예를 들어서 '1+1=2' 라는
것은 어느 나라에서든 항상 정답이지 오답이 아니에요.
바로 이렇게 어디에서나 항상 같은 값을 가지는 것이
바로 지식이라는 것입니다. 배우면 잊지 말아야 하고,
혹 잊어버리고 잘못된 답을 쓰면 틀리는 것이 바로
지식이에요.

철사 아, 그럼 학교 성적이라는 것은 지식 겨루기군요. 그럼

지혜에는 정답이 없나요?

소크라테스 예를 하나 들어 봅시다. 우리는 어릴 때부터 부모님뿐만
아니라 나보다 나이가 많은 사람에게 인사를 하는
것으로 배웠죠? 유치원을 다니는 어린아이도 어른을
보면 인사해야 한다는 걸 알잖아요.

철사 당연한 것 아니에요?

소크라테스 그런데 우리는 어릴 때부터 인사해야 한다고 배우지만
실제로 항상 인사를 다 하진 않잖아요. 때에 따라
인사하는 방법도 다르죠. 90도로 허리 숙여 인사하는
때도 있고, 간단하게 눈인사할 때도 있고, 아니면 말 대신
선물로 감사의 인사를 드리기도 합니다.

철사 필요에 따라 다르죠.

소크라테스 그렇죠. 그게 바로 지혜입니다. 지식과 다르게 지혜는
자주 배워도 잘 잊어버리고 때에 따라 쓰기도 하고 안
쓰기도 해요.

철사 지혜에 정답이란 없군요. 잠깐만요, 뭔가 부족해요.
지식은 눈에 보이는 것은 아니지만 시험 점수처럼
기준이 있어서 누가 더 지식이 많은지 알 수 있어요. 그럼
지혜는요?

소크라테스 간단해요. 말과 행동을 보면 알 수 있죠.

철사　　　말이나 행동은 얼마든지 남들 앞에서 꾸밀 수 있잖아요?
　　　　기준이 있나요?

소크라테스　　거짓말이죠.

철사　　　네? 거짓말이요?

소크라테스　　그리고 남에게 빌린 물건을 돌려주는 거요. 이 두 가지가
　　　　제가 생각하는 지혜의 기준입니다. 거짓말을 하느냐
　　　　하지 않느냐로 그 사람의 지혜를 알 수 있죠. 저도
　　　　압니다. 사람이 살다 보면 거짓말을 할 수도 있다는 거요.
　　　　하지만 저는 사람이 살아가면서 절대로 거짓말을 하면
　　　　안 된다고 생각합니다.

철사　　　그게 가능할까요? 전 불가능할 것 같은데요.

소크라테스　　물론 어렵죠. 하지만 지혜로운 사람이 되고 싶다면 절대
　　　　거짓말을 해선 안 됩니다. 그래야 다른 사람들이 그
　　　　사람을 믿을 수 있을 테니까요.

철사　　　그건 그렇다 치고, 남의 물건 어쩌고는 뭐예요?

소크라테스　　우리는 살아가면서 다른 사람에게 물건을 빌릴 때가
　　　　많습니다. 물건을 빌릴 때는 꼭 약속하죠. 언젠가
　　　　돌려주겠다고요.

철사　　　아, 약속을 잘 지키라는 이야기군요. 맞죠? 거짓말이
　　　　없고 약속이 지켜지는 사회, 그야말로 우리가 원하는

사회의 모습이네요.

소크라테스 　제 말이 그 말입니다.

철사 　그나저나 소크라테스 님은 신탁으로 인정받았지만
정작 본인은 무신론자라면서요? 이 자리에서 진실은
무엇인지 좀 밝혀 주시죠!

신탁을 받은 무신론자

소크라테스 　철사 님과 철학 이야기를 나누니, 정말 즐겁군요. 이래서
제가 거리로 나와 젊은이들과 대화하길 좋아합니다.

철사 　소문에 부인이신 크산티페가 무섭다고 하던데 그래서
밖에 나오는 걸 좋아하시는 건 아니고요?

소크라테스 　에이, 소문은 그냥 소문이죠. 얼마나 착하고 좋은
사람인데. 제가 그 사람을 만나지 않았으면 철학자가
되지도 못했을 겁니다.

철사 　말이 안 되잖아요. 그렇게 아내를 사랑하는 분이 아내를
두고 또 결혼을 해요?

소크라테스 　아, 그 이야기 나올 줄 알았어요. 당시 아테네는 인구
증가 정책을 실시하면서 남자들에게 장가를 한 번 더
가라고 장려했죠. 오랜 전쟁으로 많은 사람이 죽고,

인구가 자꾸 줄어 군대 갈 사람이 없었으니까요. 저도
아테네 시민으로서 그 정책에 동참하다 보니 결혼을 한
번 더 한 것뿐이에요.

철사　글쎄요, 그렇게 국가를 위하셨는데 왜 아테네에서 믿는
신을 거부했죠?

소크라테스　아니, 누가 신을 믿지 않았다는 거죠? 이건 진짜
오해입니다. 저는 신을 믿어요. 굳이 말하자면 남들이
믿지 않는 신을 믿었다는 것이 문제죠. 제가 믿은 신은
바로 다이몬입니다.

철사　그럼 다이몬이라는 신은 혼자만 믿은 신이군요. 다른
사람은 안 믿는데.

소크라테스　혹시 할지 말지 고민할 때 마음속에서 '하지 마!' 하는
소리를 들어 본 적이 있나요? 저는 종종 이런 소리를
들어요. 길을 가다가도 들리고 친구들과 이야기하는
도중에도 들리죠. 저는 이 소리를 양심의 소리라고
합니다. 이 소리가 들리면 저는 하던 일을 모두 멈추고
그 소리를 듣는 것에만 집중해요.

철사　다이몬이 양심의 신이라는 이야기인가요?

소크라테스　그렇다고 볼 수 있죠. 제가 너무 욕심을 부리거나 의욕이
지나쳐서 할 수 없는 일을 시도하려고 할 때, 그러지

않도록 막아 주니까요. 그러니 저에게는 이 신이야말로
얼마나 고마운 신인가요? 그런데도 저를 무신론자라고
보다니! 정말 억울하죠.

철사 그렇네요. 왜 사람들은 소크라테스 님을 무신론자라고
하죠?

소크라테스 제가 믿은 신은 제우스만큼 유명한 신이 아니라서
그렇겠죠. 도시 국가가 정한 신을 숭배하지 않고
개별적인 신을 믿고 따르면 정치가는 곤란하겠죠.
그래서 아테네 도시 국가에서는 다이몬을 한 사람의
개인적인 신이라고 보고 부정한 것 같습니다.

철사 아……. 남들이 믿는 신을 믿지 않아서 무신론자라 불린
거군요. 그런데 결국 사형 선고를 받으셨죠. 젊은이를
타락시켰다는 죄목으로요.

소크라테스 타락이라니. 전 젊은이를 타락시킨 적이 없어요. 단지 제
생각을 젊은이들이 좋아했을 뿐이죠. 제가 사형 선고를
받은 데는 사실 정치적인 이유가 더 커요. 명령을 받으면
따르기만 하면 되는데, 저는 자꾸 '왜?'라고 질문하라고
가르치거든요. 정치가들에겐 눈엣가시였을 겁니다.
실은 사형을 당하기 전에 친구들과 제자들이 찾아와
도망치자고 설득했지만 저는 그러지 않았습니다.

철사 왜죠? 죽음이 두렵지 않으셨나요?

소크라테스 도망치면 고발 내용이 사실이라는 걸 인정하는
꼴이니까요.

철사 자신의 철학을 지키려고요? 말과 행동이 그대로
일치하는 삶을 사셨군요. 대단합니다.

소크라테스 철학자든 아니든 마찬가지입니다. 누구나 지혜롭길
바라고, 그렇게 살길 원하잖아요. 철학이란 거창한
게 아니에요. 어떻게 살아가야 하느냐 하는 고민에서
철학이 나왔으니까요.

나를 있는 그대로 받아들이기

철사 사람들에게 온갖 오해와 질시를 받았는데도 자신의 삶을
긍정하는 모습이 인상적이네요.

소크라테스 그럼요. 독배를 마시고 죽었을지언정 지금은 모두가
제 뜻을 이해하잖아요? 삶이라는 게 이렇게 알다가도
모르는 겁니다.

철사 요즘은 자신을 좋아하지 못하는 청소년이 많아요. TV나
유튜브 같은 걸 보면 외모부터 노래, 학력이나 재산까지
뭐 하나 모자랄 것 없는 사람들 천지니까요. 그래서

자신의 못난 점만 보기 쉽죠.

소크라테스 맞습니다. 지금은 제가 잘난 척한다, 괴짜다 같은 소리를 들어도 상관없지만 저도 처음부터 아무렇지 않았던 건 아니었습니다.

철사 나를 좋아하는 법이라도 있나요? 혹시 이런 고민을 가진 청소년에게 한마디 해 주실 수 있을까요?

소크라테스 지혜로워지고 싶다면 자신의 무지를 인정해야 한다고 했죠? 행복해지고 싶다면 자신의 모습을 그대로 받아들일 줄 알아야 합니다. 하고 싶은 것이 있다면 눈치 보지 말고 그냥 하세요. 모르면 모르는 대로, 알면 아는 대로 이리저리 부딪히며 배워 나가면 됩니다. 좋은 것, 옳은 것을 진정으로 알면 행하게 됩니다. 그것이 '지행합일'이에요. 이것이 나를 성장시키는 원동력이자 나의 행복이 될 거예요.

철사 여러분, 소크라테스 님 말처럼 우리에게 좋은 것, 옳은 것을 하면서 살아요. 좋은 말씀 정말 고맙습니다.

소크라테스 맞아요. 그게 행복이에요. 저는 여러분들하고 대화할 수만 있다면 언제든지 좋아요. 다음에 또 불러 주세요. 저도 정말 고맙습니다.

MC 요약 ✓

지금까지 소크라테스 님을 모시고 여러 가지 좋은 이야기를 들었습니다. 가장 먼저 대화의 중요성을 배웠고 지혜와 지식이 어떻게 다른지도 함께 생각해 봤습니다. 그리고 우리는 소크라테스 님이 무신론자라고 생각했는데, 자신은 무신론자가 아니라는 말씀도 해 주었습니다.

우리는 스스로를 알기에는 아직 서툰 것이 너무 많습니다. 그래서 스스로 있는 그대로 받아들이는 것을 주저합니다. 나를 있는 그대로 받아들이고 표현하는 것이야말로 우리 자신을 성장 시키는 원동력이라 생각합니다. 그리고 옳은 것, 좋은 것을 알면 행한다는 '지행합일'에 대해서도 오늘 배우게 되었습니다.

오늘 이 자리를 빛내 주신 소크라테스 님께 감사드리며 이미 다 눌렀겠지만, '좋아요' 잊지 마시고 꾸욱 눌러 주세요! 부탁합니다. 다음 시간에 뵙도록 하겠습니다. 여러분 모두 모두 안녕! #대화 #지행합일

눈에
보이지 않는 가치가
중요해요
@플라톤
구독자분들을 위해 타임라인 찍어 드립니다!
0:35 이데아론
0:38 삼각형의 예
0:42 동굴의 비유
0:46 이상 국가
0:51 모든 사람에게 체육 교육과 음악 교육을
0:53 MC 요약

플라톤

- - - - - - - -

기원전 424(추정)년 ~ 기원전 348(추정)년

귀족 가문의 아들로 태어나 문학에 관심을 가졌지만, 소크라테스를 만난 다음 철학을 연구하여 많은 저서를 남겼다. 특히 이데아 이론으로 잘 알려진 철학자다. 그의 저서는 대부분 소크라테스가 주인공이며, 대화 형식으로 이루어져 있다.

우리가 살고 있는 이 세상은 어떻게 만들어졌을까요? 아마도 많은 사람이 궁금해할 것입니다. 이런 궁금증에 답을 준 철학자가 있습니다. 이분은 바로 '이데아'라는 자신만의 이론으로 세상이 어떻게 만들어졌는지를 설명해 널리 알려졌습니다.

우리가 보는 모든 사물은 다양하고 항상 변합니다. 하지만 이데아는 이 세계에서 아무리 사물이 변해도 절대로 변하지 않는 참된 실재라고 합니다. 이렇게 참된 실재인 이데아에서 우리가 보는 모든 사물이 생겨났다고 주장하는 철학자를 모셨습니다. 플라톤 님입니다!

플라톤   우리가 살던 고대 그리스 시대에는 이름과 성이 구별되어 있지 않았습니다. 그래서 저도 그냥 플라톤입니다. 이렇게 여러분을 만날 수 있어서 정말 반갑습니다. 제 이야기를 들으시기 전에 먼저 하실 일이

있죠? 네, 맞아요. '좋아요'를 누르고 시작하는 것 잊지
마세요. 감사합니다.

철사 고대 그리스가 자랑하는 철학자 중 한 분이라면서요! 그
정도로 유명하다면 자랑거리가 참 많을 것 같아요. 저희
구독자분들께 본인 자랑 좀 해 주시죠.

플라톤 저는 남자 중에 상남자입니다. 우선 키 크고 꽃미남이죠.
거기다가 제 몸은 또 어떻습니까? 원래 제 이름은
아리스토클레스입니다. 플라톤은 어깨가 넓다는 뜻의
별명이었는데 저랑 워낙 잘 어울려 이름이 되었죠.

철사 하하. 그런 뜻의 이름이었군요.

플라톤 뭐 이 정도면 제 자랑으로 충분한가요? 좀 더 할까요?

철사 아뇨! 더 자세한 것은 인터뷰를 진행하면서 듣도록
하죠. '이데아론'을 주장하셨다고요. 도대체 그 이데아가
무엇인지 먼저 설명 좀 부탁드릴게요.

플라톤 이데아요? 이데아는 말 그대로 이데아입니다. 영어로
아이디어요. 우리가 어떤 생각이나 공상 같은 것을 할 때
아이디어 하나쯤은 다 갖고 있잖아요.

철사 참 간단하네요. 그렇게 간단한 것을 대단한 것처럼
설명하고 그것으로 유명해진 것인가요? 설마 이데아론
설명이 끝난 것은 아니겠죠?

이데아론

플라톤 저에게 이데아론은 너무 간단한 문제입니다. 물론 쉽게 설명도 가능합니다. 그런데 여러분이 쉽게 받아들일지 모르겠네요.

철사 그래서 이렇게 모시고 쉽게 설명해 달라고 부탁드리는 거잖아요. 자, 설명 부탁드립니다.

플라톤 철사 님은 이 세상이 어떻게 만들어졌는지 생각해 본 적이 있나요? 혹시 아이디어가 있나요?

철사 제 아이디어가 따로 있다기보다는 진화론을 알고 있습니다. 일부 종교인이 창조론을 주장하기도 하죠.

플라톤 그렇지요. 하지만 제 아이디어는 조금 달라요.

철사 아, 세상을 설명하는 플라톤 님만의 아이디어가 바로 이데아론이군요. 그렇죠?

플라톤 맞아요. 바로 그거죠. 저는 이 세상을 이데아가 있는 세계와 우리가 지금 살고 있는 이 현실 세계, 이렇게 두 개의 세계로 보고 있어요. 이 현실 세계는 아주 많은 사물로 가득 차 있어요. 사람을 비롯하여 동물과 식물 등 사물이 수없이 많죠. 저는 이런 사물들이 있게끔 해 주는 어떤 것이 있다고 믿어요. 이것을 저는 사물의 본질이라고 해요. 이 본질은 완전하고 절대로 변하지 않고 항상 똑같은 모습으로 있어요.

철사 그런데 우리가 보는 모든 사물은 변하잖아요. 저도 마찬가지로 지금은 어리지만 점점 성장해서 어른이 되잖아요.

플라톤 맞아요. 우리가 살고 있는 이 세계에 있는 모든 사물은 성장하고 쇠퇴하고 변질되기도 하지요. 그런데 이 세계에 있는 사물이 존재하게 하는 본질은 절대로 변하지 않을 뿐 아니라 완전한 모습으로 있다고 저는 생각합니다.

철사 변할 수는 있어도 그 본질은 그대로다…….

플라톤 그렇죠.

철사 바로 그 사물의 본질들이 있는 곳이 바로 이데아 세계군요. 그리고 그 이데아 세계에 대한 이론이 바로 이데아론이고요.

플라톤 오! 제가 더 이상 설명할 것이 없네요. 철사 님은 어떻게 그렇게 쉽게 제 아이디어를 이해하시죠? 전 아주 고민해서 생각해 낸 아이디어인데요.

철사 당연히 저도 처음 그런 아이디어를 내라면 고민도 하고 고생도 많았겠죠. 하지만 지금은 플라톤 님의 아이디어를 이해하는 것이니 쉽죠. 그런데 현실 세계에 있는 사물들은 모두 이데아 세계에서 왔다는 것이죠? 어떻게 그것이 가능한지 설명 좀 부탁해요.

플라톤　저는 그 이유를 현실 세계의 사물이 불완전하고 변한다는 것에서 찾았어요. 이데아 세계에서 사람을 포함한 최초의 사물이 이 현실 세계로 왔다고 저는 생각합니다. 다른 동물이나 식물은 우리와 대화를 못 하니 설명하기 쉽지 않아요. 그래서 사람을 예로 들어 보겠습니다. 최초의 사람이 이데아 세계에서 현실 세계로 올 때 기억을 상실하는 물을 마신다고 생각해요. 그 물을 마시는 사람은 이데아 세계에 대한 모든 기억을 잃어버려요.

철사　제가 생각해도 플라톤 님의 아이디어는 기가 막히네요. 어떻게 그런 아이디어를 낼 수 있어요? 기억을 잃은 채 사물이 이데아 세계에서 현실 세계로 온다!

플라톤　너무 비웃지 말아요. 그렇지 않고는 사람이 자신이 어디서 왔는지 왜 기억을 못 하겠어요? 저는 물이라고 했지만 어떤 방법이든 이데아 세계에서 현실 세계로 오는 사이 기억이 지워진다는 것이 중요합니다.

철사　그래서 현실 세계의 모든 것은 이데아 세계를 모방하거나 베꼈다는 생각을 하시는군요. 그렇다면 이데아 세계가 있다는 것을 어떻게 알 수 있나요?

플라톤 이데아론을 통해서 설명했습니다만, 사람의 이성으로만 이데아 세계를 알 수 있다고 생각합니다. 사람의 이성 속에 이데아 세계가 있다는 것이 아니라 이성으로 이데아 세계를 파악하고 알 수 있다는 거죠. 왜냐하면 인간이 원래 있던 곳이잖아요!

철사 어느 정도는 이해가 되는데, 조금 더 제대로 이해하기 위해서 예를 들어 주실 수 있나요?

플라톤 물론 제가 예를 들어 설명하려고 했습니다.

철사 기대됩니다.

삼각형의 예

플라톤 저는 이데아를 설명할 때 꼭 삼각형의 예를 듭니다. 그 전에 한 가지 물어보죠. 철사 님은 아름다운 분이세요? 아니면……?

철사 참, 플라톤 님도! 오래전에 사신 분이라 센스가 없으신가 보네요. 그런 것은 묻는 것이 아니라 그렇다고 해야 하는 거예요. "철사 님은 참 아름답습니다" 하고 말입니다.

플라톤　이런. 제가 또 실수를 했군요. 죄송합니다.

철사　빠른 인정 좋습니다. 마저 말씀해 주시죠.

플라톤　예, 이렇게 현실 세계에는 아름다운 사람, 아름다운 물건, 아름다운 해변 등과 같은 것이 참 많아요. 그런데 저는 이 아름다움은 아름다움의 이데아를 모방한 것이라고 생각해요.

철사　플라톤 님, 지금 말씀 잘 하셔야 합니다. 제가 아름다움의 이데아보다 덜 아름답다는 말씀입니까?

플라톤　하하! 참 난처한 질문이네요. 철사 님뿐 아니라 현실 세계의 어떤 아름다움도 이데아 세계의 아름다움은 못 따라간다는 의미입니다.

철사　아, 조금은 안심이 되네요. 이 현실 세계의 사물들은 이데아 세계의 모방이니 아무리 아름다운 것도 이데아 세계의 아름다움보다 못하다는 말씀이군요.

플라톤　후유! 이해해 주시니 감사합니다. 그렇다면 제가 이데아를 설명할 때 항상 사용하는 '삼각형의 예'는 더 쉽게 이해하실 수 있겠군요. 철사 님은 삼각형을 어떻게 정의하는지 아시죠?

철사　삼각형은 세 변과 세 각으로 이루어진 도형이죠. 이것을 모르는 사람이라도 있나요?

플라톤 그런데 삼각형을 그리라고 하면 삼각형의 정의에 완벽히 맞는 모양으로 그릴 수 있을까요?

철사 흐흠! 참 곤란한 질문을 하시는군요.

플라톤 그렇죠? 정말 곤란하죠? 그런데 철사 님과 철사 님보다 어린 친구들에게 정삼각형을 그리라고 하면 누가 더 잘 그릴까요?

철사 이 질문도 저의 자존심을 상하게 하는 것 아시죠? 당연히 저죠. 저보다 어린 친구들은 정삼각형이 무엇인지 아직 안 배워서 모를 수도 있다고요.

플라톤 이데아 세계의 모든 이데아는 완전하고 변하지 않는 것이라고 했죠? 그리고 현실 세계의 사물들은 불완전하고 변하는 것이라고 했습니다.

철사 아하, 이제야 플라톤 님의 아이디어를 알겠습니다. 현실 세계에서 그려진 정삼각형은 아무리 잘 그려도 정삼각형의 정의에 완벽하게 맞는 정삼각형을 그릴 수 없다는 의미군요. 그리고 정삼각형에 관심을 갖고 많이 그려 본 사람이 그렇지 않는 사람보다 더 잘 그린다는 이야기죠? 그렇죠?

플라톤 맞습니다. 이 현실 세계에는 수없이 많은 정삼각형이 그려져 있을 것입니다. 하지만 그 많은 정삼각형 중에 어떤 것도 정삼각형이 갖고 있는 정의와 같이 세 변의 길이가 똑같고 세 각이 똑같은 완전한 정삼각형은 없을 것입니다.

철사 이제야 현실 세계가 이데아 세계의 모방이니 그보다 불완전하다는 말씀을 이해했습니다.

플라톤 철사님, 훌륭합니다.

철사 이데아 세계에서 최초의 사물이 왔고, 그 사물은 현실 세계로 오는 순간 이데아 세계의 완전함은 잃어버리고 변화하는 사물로 바뀐다고 플라톤 님은 설명했습니다. 그런데 그 말은, 이 현실 세계의 사물들은 이데아에서 왔으니까, 그 속에 완전하지는 않아도 이데아가 남아 있다는 이야기도 되네요?

플라톤 맞아요. 철사 님! 바로 그거예요. 그래서 현실 세계 속의 완전하지 않고 변하는 이데아는 항상 이데아 세계로 돌아가기를 원해요. 그리고 현실 세계의 이데아가 이데아 세계로 돌아가는 순간 다시 완전하고 변하지 않는 이데아로 바뀌고요.

철사 플라톤 님은 이데아 세계와 현실 세계, 이 둘로 세계를 설명하셨어요. 그리고 이데아 세계에서 내려온 이데아는 현실 세계에서 사물과 함께 지내다 다시 이데아 세계로

돌아가고, 또다시 내려오고 돌아가는 그런 순환 관계에
있다고 말하는 것인가요?

플라톤 맞아요. 두 세계는 이데아가 내려오고 올라가는 그런
관계에 있어요.

철사 점점 흥미진진해지는군요. 삼각형의 예가 큰 도움이
되었습니다. 또 어떤 예가 있을까요?

플라톤 동굴에 살고 있는 사람을 비유한 '동굴의 비유'로 설명을
해 보겠습니다.

철사 동굴의 비유요? 저도 들어 본 것 같아요. 이데아 혹은
이데아 세계를 이해하는 데 필요하다면 더 자세하게
들어 봐야겠죠.

동굴의 비유

플라톤 동굴의 비유, 오랜만에 설명하려니 잘될지 모르겠네요.
먼저 철사 님은 동굴 하나를 머릿속에 그려 보세요. 동굴
입구에는 횃불이 있습니다. 그리고 동굴 입구에서 가장
멀리 떨어진 깊숙한 곳에 어릴 때부터 입구를 등지고
동굴 속만 보게 묶여 있는 사람들이 있습니다.
이 사람들이 묶여 있는 바로 앞은 동굴의 끝으로

영화관의 스크린과 같은 커다란 흰색의 벽이 있고요.
사람들은 빛을 등지고 계속 어둠 속에서 흰 벽을 보고
있는 거죠.

철사　저도 이 이야기는 들은 것 같아요. 바로 이거였군요.
횃불에 비친 어떤 것들이 그 벽에 마치 그림자
인형극처럼 비치는 거죠? 바로 묶인 사람들의 뒤로
사람들이 지나가고, 무엇을 끌고 가고, 혹은 개나
동물들도 지나가니까 그림자가 비치는 거고요.

플라톤　그렇죠. 철사 님, 그렇다면 벽에 비친 그림자가 묶인
사람들의 뒤를 지나가는 사람들과 똑같은 모습이
아니라는 것도 잘 알겠네요?

철사　그럼요. 실제 모습을 보는 것이 아니니까 당연하죠.
그리고 동굴 속은 많이 울리니까 사람들의 목소리도
정확하지 않고, 입구의 횃불은 일렁이니 그림자도
고정되지 않겠죠.

플라톤　훌륭합니다, 아주 잘 이해했어요. 제가 괜히 고민하고
걱정했네요. 맞아요. 지나가는 사람이 개에게 무엇인가
말을 하면 묶인 사람은 그림자만 보고 그것이 개라고
생각하고, 분명하지 않게 들은 것도 스스로는 제대로
들었다고 생각하겠죠.

철사　그러네요. 참 안타깝네요. 잠깐요! 플라톤 님 제가 지금 안타까워하면 안 되는 거죠? 무엇인가 이 비유 속에 숨은 뜻이 있는 거죠?

플라톤　역시 철사 님은 눈치도 빠르군요. 맞아요. 지금 철사 님이 동굴에 묶인 사람을 안타까워하는 순간 철사 님도 안타까운 사람이 되는 겁니다. 동굴에 묶인 사람이 우리니까요. 만약 동굴에 묶인 사람들 중 한 사람을 풀어서 동굴 밖으로 보내 실제 사물의 모습을 보게 해 주면 어떨까요?

철사　당연히 처음에는 안 믿겠죠. 어릴 때부터 그림자만 보고 그것이 실제 모습이라 생각한 사람이 어떻게 동굴 밖의 실제 사물을 믿겠어요?

플라톤　맞아요. 처음에는 절대로 믿지 않을 거예요. 하지만 시간이 지나면서 믿을 수밖에 없겠죠.

철사　플라톤 님, 잠깐만요. 처음에는 믿지 않는다고 하신 말이 이상한데요?

플라톤　이상하죠? 바로 그거예요. 제가 이데아 세계와 현실 세계에 대한 아이디어로 이데아를 이야기했을 때 철사 님도 처음에는 믿지 않았죠? 그러다 조금씩 제 아이디어가 그럴듯하다고 생각했죠? 동굴에 묶여 있다

밖으로 나온 사람도 마찬가지일 겁니다.

철사 동굴 밖에서 실제 사람과 동물 혹은 사물을 보고 난 다음에는 흰 벽에 비친 것은 실제 사물을 본떠서 만들어진 것에 불과하다는 것을 알게 되겠죠. 그러네요. 본떠 만들다! 모방하다! 다 같은 이야기네요.

플라톤 이렇게 비교하면 돼요. 벽에 비친 사람 그림자와 실제 사람을 비교해 봐요. 그러면 벽에 비친 사람 그림자보다 실제 사람이 더 완전하겠죠? 이번에는 실제 사람과 이데아를 비교해 봐요. 이 경우에는 실제 사람보다 이데아가 더 완전하겠죠? 실제 사람은 이데아에 비하면 완전하지 못하죠. 벽에 비친 사람 그림자가 실제 사람의 모방인 것처럼, 실제 사람은 이데아의 모방이라는 말입니다.

철사 이제 어떻게 되나요? 동굴 밖으로 나온 사람이 실제 사람과 이데아를 이렇게 구별했다고 해요. 그럼 다른 사람은 또 어떻게 되는 거죠?

플라톤 좋은 질문입니다! 생각해 보세요. 동굴 밖으로 나온 사람을 다시 동굴 안 자신의 자리로 돌려보내면 어떻게 될까요?

철사 당연히 자신이 보고 온 실제 세계에 대해서 말하겠죠.

하지만 다른 사람들은 그 말을 믿기 어려워 하겠네요.

플라톤 맞아요. 이데아에 대한 나의 아이디어를 믿는 사람도
있고 믿지 않는 사람도 있는 것은 바로 이런 이유
때문이에요. 물론 이 동굴의 비유 하나로 이데아를
완전하게 설명할 수는 없겠죠. 하지만 어느 정도의
도움은 되리라 저는 믿어요.

철사 플라톤 님의 말씀이 맞는 것 같아요. 저도 이제 이데아를
믿게 되었잖아요. 이렇게 한 명 한 명 믿게 되면 모두가
믿게 되겠죠. 그런데 이렇게 이데아 세계를 설명하는
가장 큰 이유가 무엇이죠?

플라톤 바로 정의로운 국가에 사는 우리의 행복 때문입니다.

철사 갑자기 이데아 세계에서 정의로운 국가와 행복은 왜
나와요? 아, 혹시 '이상 국가' 뭐 그런 것 말씀하시는
거예요? 그렇다면 이상 국가에 대해서 듣지 않을 수가
없죠.

이상 국가

플라톤 철사 님은 이제 모든 실재하는 사물 속에는 완전하지는
않지만 이데아가 있다는 저의 아이디어에 동의하시죠?

그렇다면 당연히 국가에도 이데아가 있겠죠.

철사 맞아요. 이상 국가는 국가 중에서도 가장 완전한
국가이고, 실제 있는 국가들은 모두 이 이상 국가를
모방한 국가라는 뜻이군요.

플라톤 맞아요. 당연히 이상 국가에는 완벽한 국가의 이데아가
들어 있고, 그 완벽한 이데아에 따라 살면 그 나라는
완전한 국가가 되는 거죠. 한 나라에 사는 모든 사람이
조금도 불행하지 않고 행복한 나라를 저는 이상
국가라고 생각해요. 하지만 실제 국가는 모두 이상
국가를 모방한 것이니 안타깝게도 완전하지 못하죠.

철사 그렇겠네요. 그럼 우린 어떻게 해야 하나요?

플라톤 한 나라를 구성하는 사람들은 아주 많지만, 저는 직업에
따라 세 부류로 나누어요.

철사 어떤 직업을 가진 사람들인지 궁금하네요.

플라톤 먼저 나라를 다스리는 정치가가 한 부류고, 나라를
지키는 군인이 또 다른 부류예요. 그리고 국가에 필요한
모든 것을 만들어 내는 공업, 농업, 상업에 종사하는
사람들이 마지막 부류예요. 이 마지막 부류를 저는
생산자라고 해요.

철사 뭐 그렇게 단순하지만은 않는데요. 오늘날도 뭐 그

정도로 분류해도 크게 문제되지 않을 듯합니다. 그런데 이들이 어떻게 하면 한 나라에 사는 우리 모두가 행복할 수 있죠?

플라톤 아주 간단합니다. 각 부류에 속한 사람들은 자신들의 정의만을 실현하면 됩니다. 정치가는 지혜라는 정의를 실현하고, 군인은 용기, 생산자는 절제라는 정의를 실현하면 모두가 행복할 수 있다고 저는 믿어요.

철사 아주 단순한 표현이긴 합니다만 그 속에 많은 것들이 담겨 있다는 생각이 드네요. 제 말이 맞죠?

플라톤 역시 철사 님입니다. 당연하죠. 참 많은 것이 이 속에 숨어 있습니다. 먼저 국가에 살고 있는 사람들을 생각해 봅시다. 저는 사람을 두 말이 끄는 마차에 비유해 보고 싶습니다.

철사 쌍두마차를 말씀하시는 거죠? 마부가 두 마리의 말을 다루려면 쉽지 않을 것 같은데요, 맞나요?

플라톤 맞습니다. 저는 우선 이 마부를 사람의 이성에 비유해 보고 싶어요. 그리고 두 마리 중 한 마리는 마부의 말을 잘 듣는 말이고, 다른 한 마리는 마부의 말을 잘 듣지 않고 제멋대로 가고 싶어 하는 말입니다.

철사 금방 이해가 되네요. 사람의 마음속에는 항상 선과 악

같은 것이 대립해서 서로 다른 방향으로 가려고 하는 경우가 있죠. 사람의 이성이 그것을 바르게 다스려야 하고요. 맞죠?

플라톤 거의 맞았습니다. 철사 님은 이성은 잘 알 거고, 욕구나 기개라는 말도 들어 봤죠?

철사 물론이죠. 욕구는 갖고 싶어 하는 것이나 하고 싶어 하는 것이고, 기개는 씩씩한 기상과 꿋꿋한 절개와 같은 것이지요?

플라톤 아주 잘 알고 있군요. 저는 모든 사람이 이성, 기개 그리고 욕구를 갖고 있다고 생각해요. 그런데 욕구는 절제해야겠죠? 너무 나갈 수 있으니까요. 그런데 기개는 용기이기 때문에 꼭 절제할 필요는 없어요. 마지막으로 이성은 당연히 우리에게 지혜를 가져다주는 것이니까 많이 발전시켜야겠죠.

철사 결국 마부가 사람의 이성이라면 다루기 힘든 말은 욕구고, 말 잘 듣고 순한 말은 기개가 되네요.

플라톤 네, 맞아요. 이렇게 욕구와 기개를 이성이 잘 다스리면 그 마차는 마부가 원하는 방향으로 나가겠죠.

철사 맞네요. 한 사람에게 욕구와 기개를 잘 다스리는 이성이 필요하듯이 한 나라에는 절제와 용기를 조화롭게 쓰는 지혜를 가진 사람이 필요하겠군요. 결국 지혜로운 사람이 정치가가 되어 나라를 다스리면 그것이 이상 국가라는 것이네요.

플라톤 맞습니다. 바로 그런 나라를 저는 이상 국가라고 생각합니다. 그리고 그 이상 국가에 대한 이데아는 오직 이데아 세계에 있고, 현실 세계에는 이런 것을 모방한 국가만 존재하고 있어요.

철사 그렇다면 어떻게 하면 절제, 용기 그리고 지혜를 가진 사람이 될 수 있어요?

플라톤 저는 교육에 답이 있다고 생각합니다. 이상 국가에서는 정치가가 되기까지 많은 교육을 받아야 합니다. 절제와 용기를 조화롭게 쓰는 지혜를 얻으려면 당연하죠. 그런데 모든 사람이 우선 받아야 할 교육은 체육 교육과 음악 교육입니다.

철사 국영수가 아니라 체육과 음악이라고요? 참 궁금하네요. 왜 이 두 가지 교육이 꼭 필요한가요?

모든 사람에게 체육 교육과 음악 교육을

플라톤   저는 행복하게 살기 위해서 기본적으로 필요한 것은
건강이라고 생각합니다.

철사   체육 교육을 받으면 건강하게 되고, 건강한 사람은
행복하고, 행복한 사람이 사는 것이 바로 이상
국가다. 그런 논리인가요? 그렇다면 운동선수는 모두
행복하겠네요? 체육을 잘하잖아요?

플라톤   철사 님의 논리도 맞네요. 물론 운동을 잘하여 자기
분야에 최고 선수가 되면 행복할 수도 있겠죠. 하지만
저는 운동 기량만 높은 사람은 행복하다고 생각하지
않아요. 제가 생각하는 행복한 사람은 몸도 마음도 모두
건강한 사람입니다.

철사   그래서 체육뿐 아니라 음악 교육의 필요성을
말씀하시는군요. 맞죠?

플라톤   네, 맞아요. 체육 교육은 건강한 신체를 만들어 주고
음악 교육은 건강한 정신을 만들어 주니까요. 이렇게
건강한 사람이 모여 사는 사회나 국가는 당연히 건강한
사회이고 국가가 되겠죠. 이런 건강을 저는 사회적
건강이라고 해요.

철사   행복을 위해 오늘부터 우리는 책상 앞에만 앉아 있지
       말고 밖으로 나가 운동도 하고 노래도 부르면서
       살아야겠습니다. 오늘 말씀 정말 감사합니다.

플라톤   저야말로 이렇게 불러 주셔서 감사드립니다. 제 말이
       여러분의 행복한 생활에 조금이라도 도움이 되었으면
       좋겠습니다. 감사합니다! 여러분, 또 뵈어요!

MC 요약 ✅

오늘은 플라톤 님을 모시고 눈에 보이지도 않고 우리의 감각으로

알 수도 없는 이데아를 설명하는 이데아론을 들어 봤습니다.

이데아야말로 우리가 사는 현실 세계를 만들어 낸 것이라고 합니다.

그리고 이데아가 있다는 것을 정삼각형과 동굴의 비유를 통해

이해했고요. 마지막으로 우리의 삶을 행복하게 만들기 위해서는 이상

국가가 꼭 필요하다는 것을 들었습니다.

이상 국가에서는 모든 사람이 몸과 정신이 건강한 행복한 삶을 살고

있습니다. 이상 국가에서는 모든 사람이 음악과 체육을 꼭 배우거든요.

 보이지 않는 이데아에서 우리 삶의 행복까지 연결된 이야기가 저는

그냥 놀랍기만 합니다. 오늘 플라톤 님의 말씀을 들으면서 보이지

않는 것을 생각해 내는 그 아이디어가 무척 부러웠습니다. 여러분도

좋은 아이디어 많이 생각해 내시길 바랍니다. 시청해 주셔 감사드려요.

여러분, '좋아요' 잊으시면 제가 슬퍼요. 오늘도 보이지 않는 것의

중요성을 생각하며, 안녕! #이데아 #이상 국가

행복해지고 싶어요?
움직이세요!

@아리스토텔레스
구독자분들을 위해 타임라인 찍어 드립니다!
0:59 행복론
0:64 도덕적인 덕
0:67 중용의 덕
0:71 지적인 덕
0:74 움직여야 생기는 우정
0:77 MC 요약

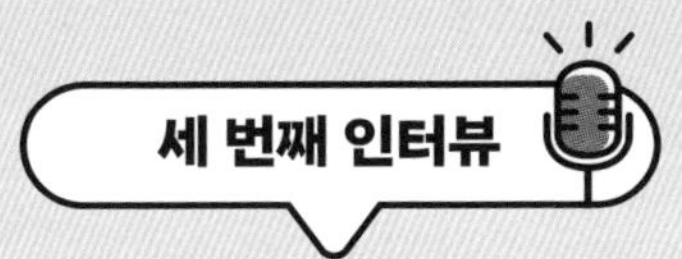

아리스토텔레스

- - - - - - - -

기원전 384년 ~ 기원전 322년

아리스토텔레스는 마케도니아 왕의 주치의의 아들로 태어나 알렉산드로스 대왕의 스승으로 잘 알려진 철학자다. 그는 철학, 논리학, 과학, 윤리학 등 다양한 주제의 저서를 남겨 고대 그리스 철학이 현재 서양 철학의 바탕이 되는 데 크게 이바지했다.

아리스토텔레스는 플라톤의 제자이지만 인간의 현실적인 행복을
중요시합니다. 그래서 그는 인간의 행복은 현실 세계에서
이루어져야 한다고 생각합니다. 사람이 행복하기 위해서는
너무 지나치지도 모자라지도 않는 '중용'이 가장 중요하다고
생각했습니다.

이 중용은 꾸준한 교육을 통해 습관화되어야 필요할 때
발휘됩니다. 그래서 아리스토텔레스는 도덕적인 행복을 도덕적인
습관과 교육에서 찾습니다. 이렇게 인간의 행복의 중요성을
강조한 철학자, 아리스토텔레스 님을 오늘 모셨습니다.
어서 오십시오.

**아리스토
텔레스**   안녕하세요, 여러분! 아리스토텔레스라고 합니다.
이렇게 초대를 받아 여러분을 만날 수 있어서 정말
고맙습니다. '좋아요'를 누르고 시작하는 것 잊지 마세요!

철사 유명한 철학자이시니까 자랑거리가 참 많을 것 같아요. 저희 구독자분들께 마음껏 자랑하실 시간을 드리겠습니다.

아리스토텔레스 저의 자랑은 무엇보다 그 유명한 플라톤 선생님의 제자라는 것입니다.

철사 플라톤 님이라면 저희가 얼마 전 만나 뵈었죠!

아리스토텔레스 그리고 저는 알렉산드로스 대왕을 훌륭하게 가르쳐서 알렉산드로스 제국을 만드는 데 힘을 보탰습니다. 무엇보다 저는 다양한 학문을 연구했답니다. 오늘날 대학교에서 강의하는 대부분의 전공과목을 제가 만들어 냈습니다. 뭐 이 정도면 제 소개로 충분한가요?

철사 아리스토텔레스 님은 다른 철학자님들에 비해 참 겸손하신 것 같네요. 워낙 유명한 분이라 더 많은 이야기를 하실 줄 알았습니다. 다양한 철학적 주제를 다루셨지만 무엇보다 사람의 행복에 대한 이야기를 하셨다고 들었습니다. 오늘 행복에 대한 이야기 많이 부탁드립니다.

아리스토텔레스 철사 님은 언제, 혹은 어떤 상태가 되면 행복하다고 생각하세요?

철사 학교에서 좋은 성적을 받았을 때?

아리스토
텔레스

흠, 맞아요. 철사 님은 학생이니까 성적이 중요하겠네요.
그렇다면 어른들에게 행복은 무엇일까요?

철사

그것은 사람마다 다 다르지 않나요? 어떤 사람은 돈을
많이 벌면 행복하다고 할 것이고, 또 어떤 사람은 권력을
잡거나 명예로운 지위에 올라가면 행복하다고 할 수
있겠죠.

아리스토
텔레스

그래요. 부나 명예와 같이 외적인 조건의 만족을 통해
우리는 행복을 느끼곤 합니다. 그런데 그런 부나 명예와
같은 외적인 것은 항상 우리와 함께할까요? 아니면
일시적일까요?

철사

항상이라고는 할 수 없지만 그렇다고 일시적이라고
하기에는 오래오래 부와 명예를 누리는 사람도
있고요……. 아, 대답하기가 어렵네요. 그럼, 지금부터
아리스토텔레스 님의 행복론에 대해서 들어 보도록
하겠습니다.

행복론

아리스토
텔레스

저는 이 세상을 우리 플라톤 선생님처럼 이데아 세계와
현실 세계로 나누지 않아요. 물론 여러 개의 세계가 있을

수 있겠죠. 하지만 우리가 살고 있는 이 현실 세계 외에
우리가 알고 있는 것은 없잖아요. 그리고 지금 우리는 이
현실 세계에 살고 있고요.

철사 아리스토텔레스 님의 말씀을 들으니 그것도 맞는
것 같네요. 많은 사람이 그렇게 말하잖아요. 지금
있는 여기에서 우리는 행복해야 된다고요. 그 말씀을
하시려는 거죠?

아리스토텔레스 맞아요. 저는 행복을 지금 여기서 느끼는 것이 옳다고
봅니다. 그런데 하나를 추가하고 싶어요.

철사 뭘 자꾸 추가하시려고요. 그냥 간단하게 설명해
주시지…….

아리스토텔레스 흠, 저도 그렇게 하고 싶습니다만 그러면 너무
재미없잖아요? 앞에서 명예나 부를 갖는다면 행복할
거라고 했었지요? 철사 님께 하나만 물어볼게요. 부와
명예 같은 것은 외적이고 오래가는 것이 아닌데 왜
그것을 행복이라고 생각하세요?

철사 오래가고 아니고의 문제가 아니라…… 행복을 지금
여기서 찾으라고 했잖아요.

아리스토텔레스 하지만 지금 여기는 항상 변하잖아요. 그렇다면 현재의
부와 명예가 미래의 부와 명예로 이어진다는 보장이

없고요.

철사 물론 그렇지 않을 수도 있지만 이어질 수도 있잖아요?

아리스토텔레스 맞아요. 하지만 제가 생각하는 행복은 꾸준히 오랫동안 지속되는 것을 말합니다. 이야기가 다른 곳으로 빠지기 전에 한 가지 더 물어볼게요. 명예를 얻기 위해서는 무엇을 해야 할까요?

철사 우리와 같은 학생은 계획을 잘 세워 학교생활을 열심히 해야겠죠.

아리스토텔레스 그렇죠. 또 어떤 게 있을까요? 예를 들어, 내가 지금 운동을 하고 좋은 습관을 들이는 것은 혹시 내게 생길지 모르는 질병을 예방하고 건강하게 살기 위해서겠죠. 이렇게 우리가 지금 하는 어떤 행위는 앞으로 좋은 일이 일어나기를 바라고 하는 것입니다. 저는 이것을 목적이라는 말로 표현합니다. 즉 우리는 어떤 목적을 갖고 지금 무엇인가 행동을 하는 거죠.

철사 그렇군요. 학교에 열심히 가는 것은 지식을 쌓고, 좋은 친구를 사귀기 위한 목적이 있기 때문이죠. 그런데 이런 식이라면 계속 그다음 목적이 생기겠는데요. 좋은 친구를 사귀는 것은 서로 어려울 때 돕기 위한 목적 때문이라는 식으로요.

아리스토 텔레스	역시! 철사 님이 왜 이 방송을 맡고 있는지 알겠네요. 맞습니다. 이렇게 목적은 하나로 끝나는 것이 아니라 다음 목적을 향합니다. 이렇게 목적의 목적을 따라 올라가면 어딘가 최종 목적지가 있겠죠. 그것을 저는 '최고선'이라고 하고 싶어요.
철사	결국 사람은 선을 이루기 위해 계속해서 목적을 추구한다는 말씀이군요. 그런데 이게 행복론과 무슨 관계가 있죠?
아리스토 텔레스	사람은 많은 목적을 추구하고 행동을 합니다. 그 목적이 달성되는 순간 또 우리는 다음 목적을 정합니다. 이렇게 목적을 정하다 보면 궁극적인 목적에 이르겠지요. 그 궁극적인 목적이 바로 진정한 행복이라고 생각합니다. 저의 행복론은 바로 인간 행동의 '최고선'입니다.
철사	하지만 저는 여전히 많은 돈을 벌고 사회적으로 높은 지위에 올라 명예를 얻는 것이 행복이라고 생각돼요. 일시적이라 해도요.
아리스토 텔레스	지금 철사 님이 말씀하신 것은 일시적이고 순간적인 행복이라고 생각합니다. 언제 사라질지 모르는 순간적인 행복에 불과하다는 거죠. 그래서 저는 사라지지 않는 영원한 행복을 추구해야 한다고 생각해요. 그러려면

필요한 것이 있어요.

철사　　네? 원하는 최고의 목적에 다다랐을 때 최고선을 이루고, 그것이 행복이라면서요. 또 뭐가 필요해요?

아리스토텔레스　　제가 행복은 외적인 것이 아니라고 했죠? 내적인 것, 즉 사람의 영혼이 행복해야 진정으로 행복하다고 생각해요. 그런데 이 영혼이 추구하는 것이 바로 덕이에요.

철사　　잠깐요, 정리할게요. 행복은 최종 목적인 최고의 선을 추구하는 것이라고 했죠. 그 최고의 선은 영혼의 활동으로 얻어지는 덕에 있다는 거고요.

아리스토텔레스　　맞아요. 철사 님이 제 이야기를 잘 따라오고 있군요. 그런데 이 덕에도 종류가 있어요.

철사　　네? 덕에도 종류가 있다고요? 내 이럴 줄 알았어요. 그럼 그 종류에 대해서 말씀해 주시죠.

아리스토텔레스　　바로 도덕적인 덕과 지적인 덕이에요. 저는 인간의 영혼이 추구하는 덕을 이렇게 둘로 나눠요.

철사　　아, 그렇군요. 먼저 도덕적인 덕에 관해서 설명을 부탁드립니다.

도덕적인 덕

아리스토텔레스 도덕적인 덕은 사람의 성품이나 품성에서 나타나는 덕입니다.

철사 좋은 성품이나 품성이란 행동을 바르게 하는 것을 말하는 거죠?

아리스토텔레스 맞습니다. 그래서 이 도덕적인 덕은 이성으로 판단하고 이성적으로 행동하는 것입니다. 이렇게 행동하면 많은 사람들이 성품이 바르다 혹은 품성이 좋다라고 말씀하시죠? 바로 그런 것입니다.

철사 아. 도덕적인 덕은 생각보다 간단하네요. 우리가 이성적으로 행동만 하면 된다는 말씀이잖아요? 너무 쉬워요. 이성적으로 행동하는 것.

아리스토텔레스 하하! 철사 님은 이성적으로 행동하도록 아주 잘 훈련을 받았나 보네요. 이성적으로 행동하는 것이 쉽다고 말씀하시는 것 보니까요!

철사 그것도 훈련이 필요한가요? 대부분의 사람은 다 이성적으로 행동하는 것 아닙니까?

아리스토텔레스 저는 그렇게 생각하지 않습니다. 이성적으로 행동하기까지 오랜 시간에 걸친 훈련이 필요하다고 봐요.

철사　하긴 그러네요. 어른 중에도 우리가 봐도 이성적이지
못한 행동을 하는 분들이 있죠. 아, 그러고 보니
아리스토텔레스 님이 훈련이라는 단어를 사용하셨는데
이성적 행동을 위해 훈련이 필요해요?

아리스토텔레스　당연하죠. 사람은 원하고 바라는 것이 많아요. 욕구가
많다고 일반적으로 말하죠. 외적인 행복을 추구할 때
욕구가 너무 커지고 강해져요. 이런 욕구를 억누르는
것이 이성인데, 이성적으로 행동하는 것이 쉽겠어요?

철사　흠! 말씀을 듣고 보니 쉽지 않겠네요.

아리스토텔레스　그렇죠? 저는 도덕적 덕은 습관으로 도달할 수 있다고
봐요. 간단합니다. 돌은 위에서 아래로 떨어지죠?
불은 아래에서 위로 타죠? 이런 것을 우리는 타고난
본성이라고 합니다. 본성은 바꿀 수 없죠. 돌이 위로
떨어지게 하거나 불이 아래로 타게 습관화할 수
있을까요? 아마도 불가능할 거예요. 하지만 이성적으로
행동하는 것은 노력을 많이 해서 바꿀 수 있잖아요?
그렇기 때문에 도덕적인 덕은 습관으로 만들어진다고
봐요.

철사　아하, 이제야 아리스토텔레스 님이 하신 말씀이 이해가

되네요. 그래서 덕은 본성이 아니라 습관을 통해 기르는 것이라는 말씀이군요. 이성적으로 행동하는 것과 감정적으로 행동하는 것도 모두 습관화된 행동이겠네요.

아리스토텔레스 맞습니다. 역시 철사 님은 제 마음에 쏙 들어요. 그래서 저는 도덕적인 덕은 이성적으로 그것을 받아들이고 습관으로 완전하게 내 것으로 만들어야 한다고 생각해요.

철사 맞아요. 도덕적 덕을 형성하기 위해서 실천적 지혜가 필요하다는 말이 있잖아요. 이제 막 생각났어요. 바로 그런 뜻이군요. 그렇죠?

아리스토텔레스 네, 맞습니다. 유능한 건축가가 되려면 우선 집을 지어 봐야겠죠?

철사 그렇죠. 훌륭한 바이올린 연주자가 되려면 연주를 많이 해 봐야 하고요. 제가 요즘 바이올린 때문에 고생을 좀 하고 있습니다.

아리스토텔레스 바이올린 연주라니, 아주 멋지네요. 도덕적 덕도 마찬가지입니다. 올바르다고 생각한 것을 직접 실천해 봐야 그것이 진짜 올바른지 알 수 있는 거죠.

철사 아, 그러고 보니 다음에 아리스토텔레스 님이 하고 싶은 말씀이 무엇인지 알 것 같아요. 습관을 말씀하시는 것을 보니 '중용'에 대해서 설명하시려는 거죠?

아리스토텔레스　맞습니다. 철사 님, 대단해요. 사실 도덕적 덕의 종류에 대해서 말하려고 했어요. 그리고 이 다양한 도덕적 덕은 모두 중용을 추구할 때 도달할 수 있고요.

철사　그럼 빠르게 진행하시죠! 아리스토텔레스 님에 대한 다음 인터뷰 주제는 그 유명한 중용입니다. 여러분, 채널 고정해 주시고 '좋아요' 누를 준비 해 주세요. 중용이란 이런 것이다. 아리스토텔레스 님! 말씀해 주세요.

중용의 덕

철사　중용은 중간이라는 의미죠? 맞습니까?

아리스토텔레스　네, 맞아요. 바로 그거예요. 혹시 철사 님은 공포를 느껴보신 적이 있나요?

철사　그럼요. 많이 느끼죠. 저뿐만 아니라 공포를 느껴 보지 않은 사람은 없을걸요?

아리스토텔레스　맞아요. 많은 사람이 살면서 공포를 느끼곤 해요. 그런데 이 공포라는 것은 어떤 때는 많이 느끼고 어떤 때는 조금 느끼고 그러죠?

철사　많이든 조금이든 공포는 정말 싫어요.

아리스토텔레스 공포처럼 나쁜 것이든 쾌락처럼 좋은 것이든 많이 혹은 적게 느끼죠. 느낌은 둘 중 어느 쪽이 좋다 나쁘다고 말할 수 없어요. 즉 적당하다는 기준을 잡을 수가 없어요. 하지만 우리의 행동은 적당한 행동, 즉 중용적인 행동이 가능해요.

철사 그런 것 같네요. 덕은 사람의 행동에 관한 것이니까 행동에는 너무 과하거나 모자라는 것이 있기 때문에 적절함을 찾는 것이 도덕적인 덕을 이룬다는 말씀이군요.

아리스토텔레스 그렇습니다. 행복을 위해 덕을 실천하는 것이 필요하다고 했잖아요? 그 덕은 중용을 통해서 이룰 수 있고요.

철사 그런데 중용을 이해하고 실천하는 게 어려워요.

아리스토텔레스 맞아요. 좋은 길을 가는 것은 쉽지 않아요. 나쁜 길은 그 길에 이르는 방법도 많고 푹 빠지기도 쉽다고요.

철사 도덕적인 덕은 중용에 있으며, 너무 과하거나 모자라는 것은 나쁜 것이고, 중용의 덕이야말로 가장 좋은 것이라는 말씀, 가슴 깊이 새기겠습니다. 공포나 쾌락과 같은 것이 중용이 덕이 아니라면 중용의 덕에는 어떤 것들이 있나요?

아리스토 텔레스	우선 몇 가지만 살펴보죠. 극도의 공포가 밀려오면 어떻게 될까요?
철사	당연히 두렵죠. 하지만 공포를 두렵게 느끼지 않고 오히려 태연하게 받아들이는 친구도 있어요.
아리스토 텔레스	그렇죠. 이런 공포와 태연에 대해서 너무 지나치고 민감하게 반응하면 비겁하다고 저는 생각해요. 반면 너무 모자라게 반응하면 무모하다고 봐요. 이 중간을 저는 용기라고 생각합니다.
철사	아아, 그렇군요. 다른 것은 또 무엇이 있나요?
아리스토 텔레스	쾌락과 고통에 대해서 너무 무감각한 사람이 있는가 하면 방종한 사람도 있죠. 이런 것의 중간을 저는 절제라고 해요. 돈은 어떨까요?
철사	돈에 대해서는 저도 조금 알 것 같아요. 돈을 너무 지나치게 쓰면 낭비하는 것이고 전혀 쓰지 않으면 인색하다고 하죠. 그렇다면 중간은 뭐라고 해야 하나요?
아리스토 텔레스	조금 어렵습니다만, 관대하고 후하게 사용한다고 해서 관후라고 해요. 단어가 어렵죠? 그리고 명예나 불명예에 대해서 볼까요? 지나치게 오만하거나 허영에 들뜨는 사람이 있는가 하면 명예를 얻기 위해서 비굴하게 구는 사람도 있어요. 그런 사람에게 저는 중용의 태도인

긍지를 가지라고 말하고 싶어요.

철사 명예를 얻으려고 비굴하게 굴지 말고 긍지를 가져라. 참
좋은 말이네요.

**아리스토
텔레스** 그 외에도 허풍쟁이가 있는가 하면 너무 겸손한 사람도
있어요. 이런 경우에는 진실의 중용을 부탁하고 싶어요.
또 분위기 살리겠다고 지나치게 익살을 부리는 사람이
있는가 하면 무뚝뚝하게 앉아 있는 사람도 있죠.

철사 맞아요. 분위기 파악하지 못하는 사람들이 많아요.
이때는 뭐가 필요하죠?

**아리스토
텔레스** 바로 재치죠. 순발력 있는 재치가 분위기를 바꾸는 데는
최고죠. 그렇죠?

철사 이 정도면 시청자 여러분도 아리스토텔레스 님의 중용의
덕이 무엇인지 그리고 중용에는 어떤 덕목이 있는지
충분히 이해했으리라 생각합니다. 도덕적 덕에 대해서는
여기서 줄이고 지적인 덕으로 넘어가죠. 사실 단어만
놓고 보면 시청자 여러분은 도덕적인 덕보다 지적인
덕을 더 좋아할 것 같네요. 아리스토텔레스 님, 그렇지
않나요?

**아리스토
텔레스** 글쎄요. 생각하기 나름이겠죠.

철사 그렇다면 지금부터 아리스토텔레스 님께 지적인 덕에

대해서 들어보겠습니다.

지적인 덕

철사 아리스토텔레스 님, 지적인 덕이 무엇인지 말씀 좀 해 주십시오.

아리스토텔레스 저는 사람의 정신 속에 감성과 욕구가 있어 사람이 사람답게 행동한다고 생각해요.

철사 사람답게 행동하기 위해서는 우리의 정신 속에 감성과 욕구, 또 무엇이 있을까요?

아리스토텔레스 우리 정신 속에는 감성과 욕구 외에 이성이 있다고 저는 생각합니다. 바로 이 이성이 욕구를 올바른 목적에 맞게 행동하게 만들어 주는 역할을 하는 것이죠. 우리가 선을 목적으로 어떤 행동을 한다면 감성에 따른 행동이 아니라 이성적인 행동을 말하죠. 이성적 행동이 감성적 행동보다 더 올바르다고 생각해요.

철사 이성이 행동의 올바름을 판단할 수 있게 하는군요.

아리스토텔레스 네 그리고 한 가지 더 담당합니다. 이성이 진리로 이끌어 줍니다. 즉 욕구의 올바름을 판단하고 행동으로 옮기면 우리는 그것을 옳다고 이야기하죠. 혹은 잘했다,

아주 이치에 맞는 행동이라고 합니다. 이런 것을 저는 진리라고 생각해요. 즉 진리를 잘 찾아내고 잘 알아내게 하는 이성의 작용이 바로 지적인 덕입니다.

철사 결국 진리를 얻는 것이 지적인 덕이군요. 지적인 덕에는 무엇들이 있나요? 예를 들어서 설명해 주실 수 있으세요?

아리스토텔레스 당연하죠. 가장 먼저 설명할 수 있는 것은 학문입니다. 우리가 학문을 배운 때 그 내용은 어떻습니까? 진리죠. 지식이라고 해도 상관없습니다만 진리가 더 잘 어울릴 것 같죠?

철사 그러네요. 책 속에 진리가 있다는 말도 있잖아요? 모든 학문은 사람의 이성으로 얻어지고 그렇게 얻어진 것은 진리다! 참 맞는 말씀입니다. 가슴에 와닿아요.

아리스토텔레스 감사합니다. 더 가슴에 와닿는 것은 학문이 아니라 기술입니다. 기술은 어떤 물건을 생산하는 데 필요합니다. 만약 기술이 진리가 아니라면 어떻게 될까요?

철사 그야, 당연히 불량품이 쏟아지겠죠. 기술에도 진리가 필요하네요. 그다음에는요?

아리스토텔레스 실천적 지혜도 저는 진리라고 생각합니다. 실천적 지혜를 가진 사람은 자신에게 무엇이 좋은 것인지 잘 알고 있습니다. 그래서 규칙적인 생활을 한다거나 고르게 영양을 섭취한다거나 하면서 자신이 살아가는 데 무엇이 필요한지 잘 알아내고 행하지요. 저는 이런 것을 실천적 지혜라고 합니다.

철사 실천적 지혜란 삶을 잘 살기 위한 지혜를 말하는 거네요.

**아리스토
텔레스** 아주 잘 알고 있군요. 그리고 지적인 덕에서 꼭 설명해야 할 것이 있습니다. 바로 철학적 지혜입니다. 저는 사람이 갖고 있는 지혜는 모두 철학적 지혜에서 비롯한다고 생각합니다. 철학적 지혜가 없다면 학문도 없고, 기술을 익힐 수도 없으며, 익힌다 해도 실천적 지혜를 발휘할 수 없습니다. 그래서 지적인 덕으로 무엇보다 철학적 지혜가 중요하다고 봅니다.

철사 아리스토텔레스 님은 깨알같이 마지막까지 철학에 대한 애착을 이렇게 표현하시는군요. 감사합니다. 지금까지 지적인 덕에 대해서 들어 보았습니다. 아리스토텔레스 님은 행복하고 싶으면 움직이라고 말씀하신 것으로 알고 있어요. 행복에 관한 말씀은 하셨는데 움직이라는 말씀은 아직 하시지 않았습니다. 다음 주제는 움직임인가요?

아리스토
텔레스　네, 맞아요. 행복하려면 왜 움직여야 하는지
말씀드리겠습니다.

움직여야 생기는 우정

철사　행복과 움직임이 어떤 관계가 있는걸까요?
아리스토텔레스 님의 '행복'을 말할 때 흔히들 '움직임'을
거론하곤 합니다.

아리스토
텔레스　저는 플라톤 선생님하고 다르게 학생들과 함께
산으로 들로 바다로 다니면서 수업을 했어요. 마치
소풍하듯이 수업을 하니 학생들도 아주 좋아했습니다.
그래서 사람들이 제게 돌아다니고 움직인다는 뜻으로
소요학파라고 이름 붙여 줬어요. 전 소요학파보다
소풍학파가 더 좋다고 생각합니만…….

철사　결국 매일 야외 수업을 하셨다는 말씀이군요. 그래서
움직인다는 것은 이해했습니다만 행복이랑 연결은 아직
이해가 안 되네요.

아리스토
텔레스　철사 님은 누구와 함께 있을 때 가장 행복합니까?
좋아하는 사람이겠죠?

철사　대부분의 사람이 그렇겠지요.

아리스토 텔레스 그렇다면 좋아하는 친구와 함께한다면 더욱 행복하겠지요?

철사 그거야 환상적이죠. 잠깐만! 그래서 친구 사이의 좋아함이라 해서 우애라고 했군요. 아리스토텔레스 님이 우애에 관해서도 말씀하신 것 알고 있어요.

아리스토 텔레스 역시! 철사 님, 대단해요. 아무리 명예나 부를 누린다 해도 친구와 함께하지 못하면 큰 의미가 없을 것입니다. 많은 것을 가진 사람도 누군가에게 베풀 때 그 상대가 친구라면 베푸는 것이 더 기쁠 것입니다. 특히 훌륭한 덕을 가진 사람은 친구와 함께 그 덕을 나눌 때 가장 행복하다고 생각합니다.

철사 친구가 없는 사람은 어떡하죠?

아리스토 텔레스 저는 우애를 좀 넓게 보고 있습니다. 우리 주변을 돌아보면 사랑하고 싶은 것이 참 많습니다. 내가 사랑할 만한 것이란 곧 그것이 내게 사랑받을 만한 것이란 말과 같겠죠. 내게 좋은 것, 필요한 것, 나를 즐겁게 해 주는 것이지요. 친구는 이런 존재가 아닌가 생각합니다. 이것을 어떻게 찾겠어요?

철사 결국 내가 좋아하는 것을 만나려면 주변을 돌아보고 찾아 나서야겠네요. 그래서 행복하려면 움직이라는 말씀을 하시는군요.

'딩동댕!' 움직이지 않으면 내가 무엇을 좋아하는지,
내가 무엇을 사랑해야 할 지 모릅니다. 좋아하는 것을
찾고 그것을 사랑하지 않으면 행복도 없습니다. 그러니
움직이십시오. 행복을 찾아낼 수 있을 것입니다.

오늘 저희와 함께해 주신 아리스토텔레스님, 정말 감사합니다.

행복을 얻기 위해서는 가만히 기다리지 말고 움직여야 된다는 말씀에

새삼 공감합니다. 그리고 중용의 덕을 실천하기 위해서는 끊임없는

노력으로 습관화해야 한다는 말씀 역시 가슴에 와닿습니다.

또한 지적인 덕에서는 철학적 실천이야 말로 가장 중요하다는 것도

잘 이해했습니다. 실천이 없는 생각은 사실 아무런 의미가 없겠죠.

행복에 관해서 좋은 말씀해 주신 아리스토텔레스 님께 감사드리며,

가르쳐 주신 '행복을 위한 움직임'을 꼭 기억하겠습니다. 마지막으로

여러분 '좋아요' 잊지 마세요! 다음 시간에 또 만나요! 안녕! #중용

#실천적 지혜

나는 성찰한다,
고로 성장한다
@데카르트
구독자분들을 위해 타임라인 찍어 드립니다!
0:83 방법적 회의
0:86 의심의 대상
0:90 의심하라, 꿈과 수학까지도
0:94 관념이란
0:98 나는 생각한다, 그러므로 성장한다
1:01 MC 요약

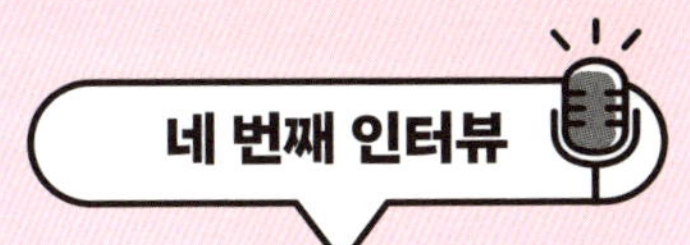

르네 데카르트

1596년 ~ 1650년

'근대 철학의 아버지'로 불리는 데카르트는 프랑스 철학자 가운데 가장 위대한 철학자다. 데카르트는 중세 철학에서부터 일반적인 상식이나 관습 혹은 수학적 지식까지도 의심했다. 이를 바탕으로 자신만의 새로운 철학 체계인 '회의 철학'을 완성했다.

데카르트는 사람이 지식을 얻는 데 있어서 이성이 가장 중요하다고 여겼습니다. 이것을 이성론 혹은 합리론이라고 합니다. 하나의 새로운 지식을 얻기 위해서는 이미 주어진 지식을 논리적으로 생각하면 가능하다는 것입니다.

새로운 지식을 얻으려면 주어진 지식을 '의심'하고 새로운 생각을 해야만 가능합니다. 그래서 데카르트는 무엇보다도 생각만이 모든 것을 성장시킬 수 있다고 믿었습니다. 이렇게 의심과 생각의 중요성을 강조한 철학자 데카르트 님을 오늘 모셨습니다. 어서 오십시오.

데카르트   봉주르! 여러분! 데카르트입니다. 제가 지금 초대된 것 맞죠?

철사   네, 역시 의심의 철학자답게 초대를 재확인하시는군요. 확실합니다.

데카르트 아, 제가 워낙 의심이 많아서요. 여러분, 반갑습니다. 시작하기 전에 이런 멘트 날리는 것 맞죠? '좋아요!' 누르실 때 의심 한번 해 보고 누르세요. 메르시 보꾸!

철사 데카르트 님은 역시 '좋아요' 누르는 것까지 의심하시는군요. 걱정 마세요. 아마 모든 시청자분이 이미 눌렀을 겁니다. 오늘 의심에 관한 이야기 많이 부탁드립니다.

데카르트 철사 님은 언제 의심하세요?

철사 학교에서 시험 문제 풀 때 내가 정확하게 답을 적었는지 잘 모를 때 많이 하죠.

데카르트 그렇죠. 한마디로 말하면, 잘 모를 때 의심한다는 말씀이죠?

철사 네, 맞아요. 무엇을 해야 하지만 잘 모를 때나 알고 싶은데 생각나지 않을 때…….

데카르트 맞아요. 우리가 의심한다는 것은 무엇을 정확하게 알지 못할 때죠.

철사 혹시 이럴 때도 의심을 해야 하나요? 내가 지금 생각나지 않는 것이 맞는지 하고 말예요.

데카르트 당연하죠. 무엇을 하든 전 의심을 합니다. 의심을 하지 않으면 저는 답을 찾을 수가 없는 이상한 병에 걸린 것 같아요.

철사 뭐, 어쩔 수 없죠. 그런 병은 확신이 생기면 나아지겠죠. 그럼 데카르트 님께 의심에 관해서 먼저 들어 보도록 하겠습니다.

방법적 회의

철사 우리는 의심하면 그냥 의심한다고 말하는데, 데카르트 님은 그것을 '방법적 회의'라고 하셨어요. 그 차이가 무엇인지 우선 말씀 해 주시죠.

데카르트 제가 의심하는 가장 큰 이유는 의심을 진리 탐구를 위한 방법이라고 생각해서예요. 그래서 저는 이것을 '방법적 회의'라고 합니다. 표현이 좋으면 내용도 좋다는 그런 말이 있지 않나요?

철사 아, 네. 있다고 하죠. 방법적 회의라면 무엇을 의심하기 위한 법칙을 정해야 그 법칙에 맞는 방법으로 의심하는 것 아닌가요?

데카르트 역시 우리 철사 님은 많은 철학자와 인터뷰를 해서 그런지 질문이 날카롭습니다. 저는 먼저 의심할 대상을 정한 다음 의심을 합니다. 그런데 무작정 의심을 하는

것이 아니라 법칙을 정합니다. 모두 네 가지 법칙이
있습니다.

철사   네 가지씩이나 필요해요?

데카르트   뭐, 많다면 많고 적다면 적다고 할 수 있겠죠? 먼저
'명증의 법칙'입니다. 우리가 의심을 할 때까지 하다 보면
더 이상 의심할 수 없는 어떤 것을 찾아내겠지요? 즉,
명석하고 분명하게 인식할 수 있는 것이 있다면 우리는
그것을 진리로 받아들여도 되겠죠.

철사   명석하고 분명한 것으로 증명되었다고 해서 명증이라는
단어를 사용한 것이군요.

데카르트   맞아요. 다음은 찾고자 하는 진리의 대상을 분석해야
합니다.

철사   그것은 그럼 '분석의 법칙'입니까?

데카르트   오! 하나를 가르치면 둘을 아는 철사 님! 맞아요.
의심하는 것을 복잡한 것에서부터 단순한 문제로
분류하면서 풀어가다 보면 당연히 의심이 해소되겠죠.
다음은 '종합의 법칙'입니다.

철사   네? 단순한 것으로 풀었잖아요? 그런데 왜 또 종합해요?
종합한다는 것은 단순한 것을 다시 합쳐서 복잡한
것으로 만드는 것이 아닌가요?

데카르트 그런 의미의 종합이 아닙니다. 먼저 분석의 법칙에 따라 복잡한 문제를 분류해서 단순한 문제로 만듭니다. 그다음 그 단순하게 된 것을 다시 종합한다는 의미입니다. 즉 진리는 단순한 하나만 있는 것이 아니라 여러 개가 있겠죠? 진리라고 생각된 단순한 것을 모아야 또 여러 가지 진리가 나오지 않겠어요? 그래서 모은다는 의미의 종합입니다.

철사 아, 단순한 진리들 속에서 여러 가지 진리가 생긴다는 말씀이군요. 그다음에는 어떻게 해야 되죠?

데카르트 다시 한번 의심하는 것입니다.

철사 네? 의심할 것은 다 의심한 다음 명증하게 된 것을 단순하게 만들고, 그 단순한 것을 모아 종합했으면 더 이상 의심할 것이 없는 것이 아닙니까?

데카르트 물론 이 세 가지 법칙을 거치면 당연히 더 이상 의심할 필요가 없으리라 생각합니다. 하지만 우리는 사람이잖아요? 사람은 뭘 한다?

철사 아! 실수를 한다.

데카르트 그래서 마지막으로 한 번 더 의심을 합니다. 저는 이것을 '열거의 법칙'이라고 말해요.

철사 잠깐요, 열거한다는 것은 나열한다는 의미 아닌가요?

종합한 것을 나열한다고요?

데카르트 단순하게 된 진리를 종합한 것을 다시 열거합니다.
첫 번째 법칙부터 다시 시작하여 종합한 것을 나열하여
의심을 하는 거죠. 그러다 보면 분석하고 종합하는
과정에서 빠진 것이 발견될 가능성도 있죠. 이렇게 두 번,
세 번 반복하다 보면 더 이상 의심할 것이 없겠죠. 이렇게
해서 결국 남은 것이 진리라고 저는 생각합니다.

철사 역시 의심의 대가시군요. 존경합니다.

데카르트 존경받을 일은 아닐 것 같습니다만 제가 한 의심하죠.
하하하! 이렇게 규칙을 정해 방법적으로 의심한다고
해서 방법적 회의라고 합니다.

철사 아, 그렇군요. 방법적 회의가 무엇인지 간단하게 답이
나왔네요. 그렇다면 다음으로 살펴 볼 것은 의심할
대상이군요. 의심의 대상이 무엇인지 부탁드립니다.

의심의 대상

데카르트 네 가지 규칙을 적용할 의심의 대상을 저는 우리
주변에서 찾았습니다. 저는 의심의 대상이 멀리 있다고
생각하지 않습니다.

철사	주변에 있다고 말씀하시면…… 혹 저도 의심의 대상입니까?
데카르트	의심의 대상이라고 말하면 기분이 나쁠 수 있겠지만, 가능성은 버릴 수 없겠죠?
철사	아니, 데카르트 님, 그렇다면 데카르트 님을 포함해서 모든 사람이 의심의 대상이 될 수 있다는 말씀인가요?
데카르트	하하! 철사 님, 정말 정확하십니다. 개인이 갖고 있는 주관적인 편견과 선입관을 저는 의심의 대상으로 삼았거든요. 철사 님뿐 아니라 저나 모든 사람에게 다 해당됩니다. 예를 들어 '철사 님이 천재다'라고 하면, 천재라는 선입견 때문에 사람들은 철사 님이 모든 것을 다 잘할 거라고 생각하죠. 그런 경험 많죠?
철사	맞아요. 그래서 천재는 괴로워요. 어떻게 그렇게 잘 아시죠?
데카르트	그야 뭐, 저도 천재니까 잘 알 수밖에 없죠. 비록 제가 천재라고 해도 전 철학 외에 잘 아는 게 없거든요. 그런데 제가 모든 걸 다 잘 알고, 할 수 있다고 믿는 사람이 정말 많아요. 이렇게 우리는 선입견이나 편견 때문에 사람이나 사물을 정확하게 파악하지 못하는 경우가 많아요. 그래서 오류가 생기죠.

철사   그러게요. 그다음으로 의심해야 할 것은 무엇이죠?

데카르트   전통과 관습은 어때요? 전통과 관습은 오랜 시간을 두고 형성된 것이죠?

철사   그렇죠. 그런데 전통과 관습은 시간과 공간 속에 작용하는 것이잖아요! 특정한 장소를 벗어나거나 오랜 시간이 지나면 변하는 게 전통과 관습 아닌가요?

데카르트   그렇습니다. 전통과 관습은 항상 변하고, 바뀌고, 사라지고, 다시 생겨나곤 합니다. 그런데도 사람들은 전통과 관습에 얽매인 경우가 많아요. 그것이 마치 진리인 것처럼 지키려고도 하고요.

철사   맞아요. 물론 옛것이 다 나쁘다는 것은 아니지만 오늘날 새로운 세대나 사회에 맞지 않으면 과감하게 버려야 될 것 같아요. 그런데 어른들의 고집이란, 참…….

데카르트   반면 철학적 진리는 어때요? 저는 철학적 진리란 시간과 공간이 바뀌어도 절대로 변하면 안 된다고 생각합니다. 그렇기 때문에 전통과 관습을 의심해서 시간과 공간을 초월해도 변하지 않는 것만을 골라 철학적 진리로 삼아야 한다고 생각해요.

철사   데카르트 님이 전통과 관습을 의심하는 이유를 알겠네요. 또 의심해야 할 것이 있나요?

데카르트　많죠. 철사 님은 지금 덥나요? 아니면 춥나요? 아니면
적당한 온도인가요? 저는 이 스튜디오 안이 너무 추워요.
더우면 기계에 이상이 올까 봐 약간 춥게 해 놓은 것
같습니다만 어쨌든 저한테는 추워요.

철사　아하, 전 이 온도에 익숙해져서 춥지는 않아요. 그런데 왜
그런 질문을 하시죠?

데카르트　감각을 우리가 믿어도 되는지 아니면 의심의 대상으로
삼아야 할지 생각해 봅시다. 저와 철사 님은 같은
공간에 있습니다만 서로 느끼는 온도가 다르잖아요.
전 춥고 철사 님은 적당하고. 시각, 청각, 미각, 후각도
마찬가지겠죠? 사람마다 다르겠죠?

철사　맞아요. 냄새를 정말 잘 맡는 친구가 있어요. 주변에서는
무슨 코라고 놀리지만 제가 보기에는 후각이 정말
뛰어난 친구예요. 음악하는 친구는 청각이 뛰어나고요.

데카르트　네, 맞습니다. 이렇게 특별히 감각 능력이 뛰어난 사람이
있습니다. 시력이 좋은 사람도 있고, 미각이나 후각이
발달한 사람도 있어요.

철사　맞아요. 특별하게 감각이 뛰어난 사람이 많아요. 그런데
그게 왜 의심의 대상이죠. 감각이 뛰어난 것은 좋은 것
아니에요?

데카르트 물론 좋죠. 그런데 우리가 기준을 잡을 수 없잖아요.
같은 냄새를 맡고 어떤 사람은 좋다고 하고 어떤 사람은
역겹다고 할 수 있죠. 이런 것은 철학적 진리로 정할 수
없어요. 왜 의심하는지 이유를 아시겠죠?

철사 아, 듣고 보니 그렇네요. 모든 사람이 객관적으로 인정할
수 있는 기준이 필요하다는 말씀이시군요. 그래서
사람의 감각 또한 의심의 대상으로 삼았군요. 또 다른
것이 있나요?

데카르트 물론 있습니다만 철사 님이 이해하실 수 있을지
모르겠습니다. 꿈과 수학이라서.

철사 꿈과 수학이요? 궁금하네요. 데카르트 님이 의심의
대상으로 잡은 꿈과 수학에 관해서 들어 보겠습니다.

의심하라, 꿈과 수학까지도

철사 수학만큼 확실한 학문은 없잖아요? 그런데 뭐가
의심스럽다는 것이죠? 그리고 꿈은 꿈이고 현실은
현실이잖아요? 이렇게 확실한 것이 또 어디 있습니까?

데카르트 철사 님, 먼저 저랑 약속 하나만 해 줘요. 제 이야기 듣고
절대로 비웃거나 저를 이상한 사람으로 보지 않겠다는

약속 말입니다.

철사 데카르트 님과 같이 진지한 분과 인터뷰하면서
비웃을 일도 없고, 이상한 사람으로 볼 것 같으면
애초에 모시지도 않았죠. 그런 걱정은 하지 마십시오.
약속하겠습니다. 약속하고 사인하고 복사까지 해서 묻어
두겠습니다. 됐죠?

데카르트 네, 감사합니다. 철사 님은 혹시 꿈을 연속으로 꾼 적이
있는지 모르겠네요. 아침에 일어날 시간이라고 알람은
울리고 일어나기는 해야 하는데 잠은 떨쳐지지 않은
적이 있을 것입니다. 이때 대부분의 사람은 자다 깨다를
반복합니다.

철사 맞아요. 저도 그런 경험이 있어요. 자다 깨다를
반복하면서 꿈을 꾼 적이 있죠. 이상하게 그때는 꼭
꿈도 꾸다 말다 하고 심할 경우 드라마처럼 꿈을 꾸기도
해요. 분명 잠시 깼다가 다시 잠들었는데 꿈이 이어지는
경우가 종종 있어요.

데카르트 철사 님은 그때 꿈을 꾸는 상태와 깨어 있는 상태를
반대로 생각해 본 적이 있나요? 즉 잠 속에서 꿈을 꾸는
것이 깬 상태고, 깬 상태가 바로 잠을 자고 있는 상태라고
생각해 본 적이 있느냐는 질문입니다. 왜냐하면 꿈을

연속으로 꾼다는 것이 이상하잖아요?

철사 에이! 데카르트 님도! 참, 비웃거나 그러지 않기로 약속했죠? 죄송합니다. 설마 제가 현실하고 꿈을 구별하지 못하겠어요?

데카르트 물론 대부분의 사람이 꿈과 현실을 분명히 잘 구별하겠지요. 그래도 저는 한 번 정도는 의심해 봐야 된다고 생각해요. 정말로 그런 사람도 있을 수 있잖아요. 앞에서도 말했지만 조그마한 가능성이라도 있으면 무조건 의심부터 하는 것이 제 버릇이라.

철사 그렇다고 수학도 꿈처럼 가능성의 문제를 염두에 두고 의심하는 것은 아니겠죠, 설마?

데카르트 네, 그래요. 철사 님 생각이 맞아요. 저는 수학의 모든 진리까지도 의심해 봐야 된다고 생각해요. 웃지 마세요! 저 이상한 사람 아닙니다. '5+7'은 얼마죠?

철사 데카르트 님, 저 철사예요. 철사! 저마저 이상한 사람 만들지 마세요.

데카르트 죄송합니다. 이걸 모를 리 없죠. 그런데, 철사 님! 우리가 5+7은 12가 아니라 13이나 14라고 의심해 볼 수 있잖아요?

철사 물론 의심은 할 수 있겠죠. 그런데 덧셈을 아는 사람이라면 한 사람도 빠짐없이 12라고 합니다. 어디 의심의 여지가 있습니까?

데카르트 그렇죠? 이상하죠? 그런데 5+7이 12가 아니라 13이나 14임에도 불구하고 우리가 5+7을 할 때마다 누군가가 나타나서 우리 귀에다 13이나 14가 아니라 12가 정답이라고 속삭여서 정답을 12라고 생각할 수도 있잖아요? 그럴 가능성은 정말 없을까요?

철사 이럴 때는 뭐라고 대답해야 하나요? 제가 해야 할 말을 좀 가르쳐 주십시오, 데카르트 님!

데카르트 그냥 제 말에 동의해 주시면 안 될까요? 물론 안 되겠죠. 철사 님도 제가 얼마나 의심을 많이 하는지 이제 아실 겁니다. 저는 정말 꿈과 수학을 포함해 이 세상에 있는 모든 것을 의심하고 싶어요.

철사 데카르트 님의 생각은 충분히 이해했습니다만, 아무리 생각해도 꿈과 수학은 좀 지나친 것 같네요. 그렇게 의심하는 이유라도 있습니까?

데카르트 있고말고요. 우리는 감감적인 것은 쉽게 알 수 있죠? 그런데 볼 수도 만질 수도 없는, 감각적이지 않는 것은 어떻게 알까요?

철사 생각으로 알겠죠?

데카르트 그렇죠. 생각이죠. 저는 생각이 만들어 낸 것을
'관념'이라고 해요. 그리고 이 관념으로 안다고 생각해요.

철사 관념이요? 이것은 또 새로운 단어인데요. 관념에 대한
설명을 먼저 들어 봐야겠네요.

관념이란

철사 데카르트 님, 생각이 만들어 낸 것이 관념이라 하셨는데
관념이 뭐죠?

데카르트 책상, 의자, 컴퓨터, 스마트폰!

철사 데카르트 님, 뭐 하시는 거죠?

데카르트 지금 철사 님은 제가 말씀드린 단어를 듣고 무엇이
생각났나요?

철사 책상, 의자, 컴퓨터, 스마트폰이 생각났죠. 뭐가
생각났겠습니까?

데카르트 철사 님이 생각한 스마트폰과 제가 생각한 스마트폰이
같은 것일까요? 아니면 다를까요?

철사 뭐, 같을 수도 있겠지만 다를 수도 있겠죠. 하지만 지금은
다를 것 같아요. 저는 제 스마트폰을 생각했고, 데카르트
님은 데카르트 님의 스마트폰을 생각했을 것 아닙니까?

데카르트 맞아요. 하지만 어때요? 우리 두 사람이 갖고 있는
스마트폰이 같은 기종이라면 같은 모양의 폰을
떠올렸겠죠. 물론 철사 님은 저보다 훨씬 젊으니까 같은
폰이라고 해도 기능을 더 잘 사용하겠지만요.

철사 그런데요?

데카르트 이렇게 어떤 단어를 말했을 때 경험한 대상이 생각나는
것이 바로 관념이에요. 모든 사람이나 사물에는
모습이나 모양이 있어요. 물론 개인의 경험에 따라 그
모양은 다양하게 생각나겠지만요. 바로 이 관념이 있기
때문에 우리는 이야기를 나누고 지식을 쌓고 진리를
찾을 수 있어요.

철사 결국 사람은 저마다 떠올린 스마트폰처럼 관념은
다르지만 그 사물이 갖고 있는 고유한 본질을 알고 있기
때문에 같은 생각을 하고 그 생각이 쌓여 지식이 된다는
말씀을 하시는 거군요.

데카르트 딩동댕! 맞아요. 그런데 경험할 수 없는 사물이나 대상은
어떨까요?

철사 그런 것도 있나요? 경험하지 않은 것은, 다른 말로
감각으로 알 수 없는 것인가요?

데카르트 당연하죠. 먼저 관념의 종류를 나누어 봅시다. 저는 세

종류 정도의 관념이 있다고 생각해요. 먼저 앞에서 제가
말한 스마트폰과 같은 사물들은 경험을 통해 우리가 알
수 있는 것이죠?

철사 그러네요. 우리 주변에 많이 있는 것들이죠.

데카르트 맞아요. 우리 주변에 있다고 해서 외래 관념이라고
해요. 우리 외부에 있다는 의미죠. 그런데 도깨비, 용,
페가수스, 스핑크스 같은 것은 어때요?

철사 어? 우리가 경험할 수는 없지만 그것들은 이미 경험한
것들을 합친 거잖아요. 사람에다 뿔을 붙이면 도깨비,
사람 얼굴에다 사자의 몸과 독수리 날개를 달면
스핑크스. 그렇죠?

데카르트 맞아요. 이런 것들을 외래 관념을 합쳐 사람이
만들었다고 해서 인위 관념이라고 해요. 실재하지는
않지만 실제 있는 것을 합친 것이죠?

철사 그럼 세 번째 관념의 종류는 실제로도 없고 사람이
만들어 내지도 않은 것인가요?

데카르트 브라보! 역시, 철사 님! 먼저 예를 들어 볼게요. 자유나
행복, 평화와 같은 관념도 있어요. 경험할 수는 있을지
모르지만 외래 관념도 아니고 인위 관념도 아니죠.

철사 이런 관념에도 이름이 있나요? 뭐라고 부르죠?

데카르트 물론 이름이 있죠. 두 가지로 불리는데 의미는 같아요. 태어날 때 본래부터 갖고 있다고 해서 본유 관념이라고도 하고요, 태어날 때 얻어진다고 해서 생득 관념이라고도 해요.

철사 자유나 행복 같은 관념은 태어날 때 얻어지는 것이기 때문에 감각으로 경험한 것이 아니고, 모양이 있다 해도 사람마다 관념의 모양이 다 다르기 때문에 분명하지 않다는 말씀이군요.

데카르트 물론이죠, 그래도 그것이 있다는 것을 우리는 생각으로 알 수 있는 거죠. 그뿐만 아니라 모든 사람은 이런 본유 관념에 대한 관념을 갖고 있기 때문에 경험할 수 없는 것도 있다고 믿고 지식을 얻는 거죠.

철사 맞네요. 그런데 이 본유 관념은 의심하지 않나요? 있다는 것을 어떻게 알아요?

데카르트 당연히 의심해야죠. 의심하지 않고 어떻게 진리를 얻겠습니까?

철사 정말 궁금한데요, 왜 그렇게 의심을 합니까? 계속 그렇게 의심하다 보면 제 생각에는 아무것도 남는 것이 없을 것 같은데, 도대체 왜 그러세요?

데카르트 남는 것이 있습니다. 바로 의심하는 내가 남죠.

철사   아하, 이제 알겠군요. 드디어 그 유명한 말씀이

나오는군요. '나는 생각한다. 그러므로 나는 존재한다'.

나는 생각한다, 그러므로 성장한다

데카르트   내가 의심한다는 것은 내가 있기에 가능하죠?

철사   같은 말씀 아닌가요?

데카르트   본유 관념을 한번 생각해 보세요, 없는 것을 말하는 것이

본유 관념이잖아요? 그럼 생각도 본유 관념이겠죠?

반면에 나의 존재는 외래 관념이죠?

철사   결과적으로 외래 관념인 내가 본유관념인 의심을 하는

것을 생각하는 거군요.

데카르트   역시, 철사 님, 짱! 맞아요. '나는 의심한다'는 것과

'의심하는 나'가 있는 것 하고는 구별되죠? 즉 내가

있다는 것을 아는 것은 결국 내가 의심하기 때문이라는

것이 되죠.

철사   데카르트 님이 하시고 싶은 말씀은 의심과 의심하는

사람의 존재는 떼려야 뗄 수 없는 관계라는 것인가요?

데카르트   맞아요. 나는 의심하기 때문에 나는 존재합니다. 그리고

나는 생각하기 때문에 나는 존재하고요.

철사   그럼 의심하는 것과 성장하는 것은 어떤 관계인가요?

데카르트   의심하기 전에는 누가 의심하는지 몰랐죠? 의심을 계속하다 보니 내가 의심하고 있다는 것을 알았죠? 그렇다면 처음에 '모든 것을 의심하던 나'와 '의심하고 있다는 것을 아는 나'는 같은 나이지만 다른 나라고 할 수 있죠?

철사   알 듯 모를 듯 알쏭달쏭하네요. 의심하는 나와 의심하는 것이 나라는 것을 아는 나 사이에 시간이 흘렀다는 뜻인 것은 분명하네요.

데카르트   물론이죠. 게다가 그냥 시간만 흐른 것이 아니라 나라는 주체를 찾았잖아요. 그 전에는 나라는 주체가 의심한다는 생각을 하지 못했고요.

철사   결국 시간이 지나면서 다른 사람이 되었다는 말씀을 하시려는 거군요. 깨우친 나? 그렇다면 성장한 나라고 표현해도 되겠네요. 맞아요. 그사이에 성장했네요.

데카르트   그렇죠? 생각이 결국 나를 성장하게 만들었죠? 생각하면 성장한다. 이제 철사 님뿐 아니라 이 인터뷰를 보고 계시는 모든 분이 다 알았으리라 생각합니다. 이제 제 이야기는 여기서 마쳐도 좋겠죠? 너무 많이 생각했더니 머리가 아파요.

철사　　잠시만요! 데카르트 님, 끝내시기 전에 한 가지 더 여쭤 봐도 됩니까?

데카르트　　물론이죠. 언제든지 무엇이든지, 질문은 늘 환영합니다.

철사　　의심을 하는 이유가 절대적인 진리를 얻기 위한 방법이라고 했잖아요? 그렇다면 생각과 나와 절대적 진리는 어떤 관계죠?

데카르트　　아, 깜빡했네요. 많은 사람이 우리 주변의 대상으로부터 속임을 당하고 있어요. 그런데 아무리 감각이나 편견 같은 것이 우리를 속이려 해도 '생각한다'와 '나'는 분명한 사실이죠. '생각하는 나'는 분명히 있습니다. 저는 철학을 '생각하는 나'로부터 시작한다면 절대적인 진리를 향해 나아갈 수 있다고 확신합니다.

절대적인 진리를 얻기 위해서 방법적 회의를 시작한 데카르트 님의 이야기를 들어 봤습니다. 이 방법을 통해서 우리는 주변에 있는 편견이나 감각, 지식, 꿈, 심지어 수학까지 의심을 할 수 있습니다. 그리고 더 이상 의심할 것이 없다고 판단되면 진리를 얻을 수 있습니다.

그 진리 중에는 본유 관념이야말로 가장 얻기 힘든 것이라고 데카르트 님은 설명하셨습니다. 하지만 이것도 '의심하는 나'로부터 출발한다면 진리를 얻을 수 있다고 하셨지요. 무엇보다 성장하려면 생각을 해야 한다는 아주 귀한 깨달음을 남겨 주셨습니다.

다시 한번 데카르트 님께 감사드립니다. 아무리 피곤하셔도 '좋아요' 꾸욱, 잊지 마세요! 여러분 우리 함께 성장해요! 안녕! #방법적 회의 #의심하는 나

좋은 습관으로
하루를 시작하세요
@칸트
구독자분들을 위해 타임라인 찍어 드립니다!
1:07 실천을 위한 의무론
1:10 모든 사람에게 있는 선의지
1:13 정언명령
1:16 실천에 필요한 존중과 자율성
1:18 좋은 습관으로 하루를 시작하기
1:21 MC 요약

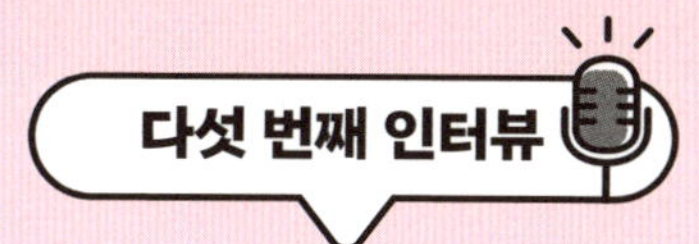

임마누엘 칸트

1724년 ~ 1804년

오늘날까지 많은 철학자에게 영향을 주는 독일 철학자다. 여러 분야의 철학책을 남겼는데, 그 저작을 통해 실천의 중요성을 강조한 도덕 철학은 새로운 도덕의 기준을 세운 것으로 잘 알려져 있다. 너무 가난해 대학에 갈 수 없었지만 주위의 도움과 자신의 노력으로 근현대 철학에서 중요한 철학자가 되었다.

오늘은 근대를 대표하는 아주 중요한 철학자 한 분을 모셨습니다. 이분은 건강하지 못한 몸으로 태어나 고향 외에 다른 도시를 가 보지 못했대요. 건강을 위해 매일 동네를 산책했고요. 시계가 없어도 이분이 지나가면 몇 시인지 알 정도로 정해진 시간에 맞춰 늘 집을 나섰다고 합니다. 그런데 이게 사실은 자신의 철학을 몸소 보여준 행동이라고 합니다.

이분은 도덕 철학에서 '실천'이 가장 중요하며, 실천하기 위해 규칙과 법칙이 꼭 필요하다고 했어요. 정말 그럴까요? 이 자리에 모셔서 한번 들어 보도록 하죠. 너무나 유명한 철학자 칸트입니다.

칸트　　안녕하세요? 여러분, 반갑습니다! 제 이름은 임마누엘이고 성은 칸트입니다. 모든 사람이 '구독'과 '좋아요'를 눌러 달라고 하더라고요. 저는 성품이 참 착하고 겸손한 사람이라 아주 정중하게 부탁드립니다.

여러분의 '좋아요'는 저에게 아주 큰 힘이 될 것입니다.
고맙습니다.

철사 독일을 대표하는 아주 영향력 있는 철학자시죠?
구독자분들께 본인 자랑 좀 해 주시죠.

칸트 남들과 같이 열심히 연구하고 가르쳤는데 저만 유명한
사람이 되어서 정말 미안합니다. 저보다 더 뛰어난
사람도 많은데 말입니다.

철사 아, 네, 역시 소문처럼 겸손하시군요.

칸트 사실 제가 살던 시절에 저만큼 다양한 분야에서 많은
저서를 남긴 사람은 흔치 않습니다. 아마 그래서
유명해진 것 같습니다. 부끄럽습니다.

철사 너무 겸손하십니다. 사실 이렇게 유명해진 데에는
특별한 이유가 있죠?

칸트 도덕이나 윤리를 알고 있는 그대로 행동하라고 가르쳐서
그런 것 같아요. 사람은 생각이나 경험을 통해서 많은
것을 알게 되죠. 그런데 알고 있는 것을 행동으로 옮기지
못하면 아무런 쓸모가 없어요. 저는 알고 있는 것을
행하라고 가르쳤거든요. 물론 저도 그렇게 했고요.
생각과 행동이 같은 사람이 되라고 가르칠 뿐 아니라
스스로 그렇게 행동한 사람으로 알려지면서 유명해진 것

106

같아요.

철사   아는 것을 실천으로 옮긴다! 그게 가능은 합니까? 정말
         쉽지 않은 일이죠. 실천을 잘하는 비법이 있다면 좀 알려
         주시죠!

실천을 위한 의무론

칸트   아주 간단한 문제입니다. 하지만 쉽게 할 수 없는
         문제이기도 하죠.

철사   아, 그 전에 의무론이 무엇인지 설명 좀 부탁드려도
         될까요?

칸트   당연하죠. 우리가 도덕적 행동을 하려면 참 많은 갈등이
         생기죠. 예를 들면 '약속은 꼭 지켜야 한다'고 할 때처럼
         말입니다. 이렇게 우리가 당연히 지켜야 할 의무에 따라
         행동의 옳고 그름을 판단하는 것을 우리는 의무론이라고
         해요.

철사   어떤 이유 때문에 약속을 못 지키거나 안 지킬 때 우리가
         의무를 다하지 못했다고 하는군요.

칸트   그렇죠. 의무론에 관해 좀 더 알아보기 위해 먼저
         질문부터 할게요. 혹시 여러분은 학교 갈 때 엄마와

아빠에게 인사를 하고 가나요? 아님, 그냥 가나요? 무슨
질문이 이러냐고요? 오, 미안합니다. 사실 여러분을
무시해서 이런 질문을 한 것이 아닙니다. 학교 갈 때
부모님께 인사하고 가는 것은 어디서 배운 건가요,
아니면 여러분 스스로 알아낸 것인가요?

철사　간단하면서 쉬운 것 맞네요. 당연히 배운 거죠. 집에서도
배우고, 학교에서도 배우고요. 또는 누군가가 하는 것을
보고요.

칸트　네. 바로 그거죠. 배운다는 것은 이론이에요. 그리고 그
이론에 따라 행동하는 것을 실천이라고 하죠. 그런데
재미있는 것은 우리가 집에서 어른들께 배우든 학교에서
도덕 시간에 배우든, 배웠다고 해서 도덕적 이론을
모두가 실천으로 옮기지는 않죠.

철사　도덕 시간에 배운 것을 그대로 실천으로 옮기면 이
세상에는 착한 사람만 있게요?

칸트　그렇죠? 왜 사람들은 이론을 실천으로 옮기지 않을까요?

철사　그야 힘들고 귀찮고 부끄럽고……. 뭐, 그런 이유죠.

칸트　맞아요. 이론을 실천한다는 것은 이렇게 뭔가 불편함이
따라요. 하지만 도덕 시간에 배운 이론에는 '항상'이란
단어가 늘 따라다녀요. 아무리 힘들고 귀찮아도 항상

그렇게 하라고 가르치고 있죠. 그것은 할 수 있는
것이라는 뜻이죠. 실천할 수 없는 도덕적 이론은 없다는
말이에요. 단지 못 하고 있을 뿐입니다.

철사   실천하지 않은 모든 책임이 학생에게 있다는
말씀이군요. 늘 우리가 잘못해서 그렇다는
이야기뿐이라니까요!

칸트   아니, 아니. 그런 의미는 아니고요. 저는 철사 님을
비롯한 학생에게 잘못이나 책임이 있다는 것을 말하려는
것은 아니에요. 오해 마세요.

철사   아니면 정말 다행이고요.

칸트   앞에서 실천하지 않는 이유가 무엇이라고 했죠? 힘들고,
귀찮고, 부끄럽고 그런 거라고 했죠. 다르게 말하면
실천하는 사람은 힘들고 귀찮고 부끄러운데도 행동하는
사람인 것이죠? 조금은 이상한 사람이라고 볼 수도
있겠고요. 그런데 모두가 실천하는 분위기라면 이야기는
달라질 겁니다.

철사   하지만 그런 분위기가 아니니 문제죠. 남들이 하지 않는
것을 하면 이상하게 보죠.

칸트   그래서 이론을 만들었죠. 모두가 실천할 수 있는 이론
말입니다.

철사   잠깐만요, 도덕적 이론 중에서 그게 가능한 것이 있나요? 그런 것이 있다면 무조건 하죠. 그게 무엇이죠?

칸트   모든 사람에게는 착한 일을 하려는 의지가 있죠.

철사   왜 아니겠어요? 그런데 사람에게는 착한 일을 하려는 의지가 있다는 것은 무엇을 뜻하나요?

모든 사람에게 있는 선의지

칸트   도덕적 이론을 가르치면서 나쁜 짓을 하라고 하지는 않겠죠?

철사   참, 칸트 님도! 아무리 시대가 변해도 그런 것은 변하지 않죠. 예나 지금이나 나쁜 짓을 하라고 가르치는 사람이 어디 있나요.

칸트   그렇죠. 선생님뿐 아니라 어떤 사람도 나쁜 짓이나 악한 행동을 하라고 가르치는 분은 없죠.

칸트   그 이유는 간단해요. 제 생각에 모든 사람은 착한 사람이 되고 싶어 하고 착한 일을 하려 해요. 이렇게 순수한 동기에서 나온 착한 일을 하려는 의지를 선을 행하려는 의지라고 해서 '선의지'라고 해요.

철사   칸트 님의 이야기를 듣고 보니 그러네요. 그런데 그

선의지와 착한 일을 하려는 것과는 어떤 관계가 있죠?

칸트 하나 더 물어볼게요. 도덕적 이론을 배워서 실천하려는 것은 의무일까요 아니면 선택일까요?

철사 의무라고 이야기하면 무척 무거워 보이고, 선택이라 하면 하지 않아도 될 것 같아서 고르기가 어려워요.

칸트 맞아요. 선택이라고 하면 하고 싶을 때 하는 거죠. 의무는 무조건 해야 하는 거잖아요. 그러니 실천을 의무라고 하면 당연히 무겁고 피하고 싶은 생각이 먼저 들 수 있어요.

철사 그렇지만 칸트 님은 결국 실천은 선택이 아니라는 것을 말씀하고 싶으신 거죠? 그렇죠?

칸트 맞습니다. 도덕적 실천은 하고 싶은 것만 골라 하는 그런 선택이 아니라 무조건 해야 하는 의무입니다. 선의지가 있다면 당연히 무조건 선을 발휘해야 하는 거죠. 없다면 모르지만, 있는 선의지를 그냥 썩히기에는 너무 아깝지 않나요?

철사 잠깐만요. 칸트 님의 이야기를 듣다 보니 제가 뭔가 당하고 있는 기분이네요. 선택이 나쁜 것만은 아니잖아요? 능력에 맞게 할 수 있는 장점도 있고요.

칸트 맞아요. 철사 님 말에도 일리가 있어요. 하지만 한번

생각해 보세요. 도덕적인 이론은 실천으로 옮겨야만
의미가 있는 것이죠. 예를 들어서 '웃어른을 보면 인사를
한다'라는 것은 내가 하고 싶을 때 하거나 하고 싶지
않을 때 안 하는 그런 선택적인 것이 아니잖아요. 내가
우울하든 기분이 좋든 인사를 하고 난 다음 멋쩍든, 나의
마음과 전혀 관계없이 그냥 해야 하는 것이죠.

철사 점점 어려워지는데요.

칸트 물론 철사 님의 마음을 이해 못 하는 것은 아니에요.
우리가 예의범절을 익히고 누군가에게 예를 갖추는 것은
바로 도덕적 행위를 하는 것이죠. 즉 사람이라면 누구나
그렇게 할 수밖에 없는 도덕적인 행동이라는 것입니다.
사람은 누구나 착한 일을 하고 싶은 의지, 즉 선의지를
갖고 있기 때문이죠.

철사 음, 그건 맞는 말씀이네요……. 그런데 이 선의지를
어떻게 의무화하죠?

칸트 그것은 아주 간단합니다. 선의지를 실천하는 것을 할까
말까 선택하지 못하게 명령을 내리는 것입니다.

철사 선의지를 선택하지 않고 무조건 행하라고 명령을
내린다고요? 어떻게 그게 가능하죠? 그리고 무슨 명령을
내려야 사람들이 무조건 선의지를 행하죠?

정언명령

칸트   제가 설명을 잘하는 것인지 철사 님이 이해를 잘하는 것인지 모를 정도로 설명이 잘 풀리네요.

철사   흠흠, 당연히 제가 이해를 잘하는 것이죠.

칸트   저도 그렇게 생각합니다. 다행히 지금 철사 님이 한 질문 속에 답이 있어요.

철사   제가 지금 한 질문 속에 답이…… 아하, 무조건을 말하시는 거죠?

칸트   바로 그거예요. 제가 고른 말이지만 무조건이란 말이 참 마음에 들어요. 사람들은 하고 싶은 일은 시키지 않아도 잘해요. 하지만 사람들에게 하기 싫은 행동을 하라고 하면 많은 핑계를 대면서 피하려 해요. 그래서 저는 무조건이란 말이 참 좋아요.

철사   하고 싶은 일이든 아니든 무조건 하게 한다는 말씀인데……. 무조건 할 수밖에 없는 어떤 단서를 달아야 하지 않나요?

칸트   맞아요. 무조건 할 수밖에 없는 단서가 필요하죠. 저는 사람들에게 도덕적 행위를 하라고 시킬 때 두 가지 명령이 가능하다고 생각합니다. 여러분은 조건문이 무엇인지 아시죠? 선택이 가능한 문장이 조건문입니다.
그렇다면 선택이 불가능한 문장은 무조건문이겠죠?
도덕적 행위를 하도록 이렇게 '무조건 문장'으로 명령을
하면 된다고 저는 생각해요. 물론 제 말에 동의하지 않는
사람도 있을 것입니다.

철사   칸트 님이 하신 말씀이 당연히 이해가 안 되는 것이
정상이죠? 조건 문장과 무조건 문장이 어떤 것인지 예를
들어 설명 좀 부탁해요.

칸트   '나는 시간이 있으면 봉사하겠다'는 문장은 조건문이죠.
시간이 있다는 것이 조건이잖아요. 이 문장은 시간이
없으면 봉사를 하지 않겠다는 말이에요. 그런데 '나는
지금 봉사를 해야만 한다'라는 문장은 어때요? 시간이
있든 없든 내가 지금 봉사를 해야 한다는 강한 의지가
들어 있죠? 이렇게 본다면 어떤 것이 조건문이고 어떤
것이 무조건문인지 금방 알 수 있죠.

철사   아, 선의지는 무조건 해야 하기 때문에 조건이 있으면 안
된다는 말씀이군요.

칸트   네, 그것을 바로 '정언 명령'이라고 합니다. 한자로 정할
정(定)과 말씀 언(言)을 써서, 정해져 있다는 뜻입니다.
'사람을 죽이면 안 된다', '폭력을 쓰면 안 된다'는

것처럼요. 인간이라면 반드시 지켜야 하는 법칙입니다.

철사 그럼 정언 명령만 따르면 다 되나요?

칸트 그렇게 간단하지만은 않아요. 한 가지 더 필요한 것이 있어요. 바로 무엇을 시작하게 만드는 생각인 '동기'입니다. 사람은 도덕적 행동을 할 때 동기 때문에 하기도 하지만 어떤 목적을 갖고 하기도 합니다.

철사 동기는 뭐고 목적은 또 뭡니까? 도덕적 행동이 뭐가 이렇게 복잡하죠?

칸트 우리 일상생활에서 한번 생각해 봅시다. 여러분은 부모님에게 인사를 잘하다가 안 하는 경우나 잘 안 하다 다시 잘하는 경우가 있죠?

철사 인사뿐 아니라 다른 행동도 필요에 따라 다르죠. 부모님에게 무엇인가 잘 보여야겠다 싶으면 안 하던 인사도 다시 열심히 하고, 그 반대도 있고요.

칸트 그렇죠. 바로 그겁니다. 어떤 목적에 따라 부모님에게 잘 보이고 싶으면 안 하던 인사도 갑자기 잘하기 시작합니다. 여기서 '잘 보이고 싶다'는 목적이 작용한 거죠. 그래서 하지 않던 인사도 갑자기 잘하는 것입니다.

철사 아하, 도덕적 행동은 어떤 목적을 갖고 하면 안 된다는 것을 말씀하고 싶은 것이군요.

칸트   철사 님이 아주 정확하게 대답했어요. 제가 하고 싶은 말은 결과보다도 동기가 중요하다는 겁니다. 그런 행동을 하게 한 동기요.

철사   잠깐만요, 그렇다면 선의지를 행하기 위해서는 무조건적인 명령과 동기만 있으면 다 해결되는군요.

칸트   맞아요. 그런데 무조건 명령을 내리기 위해서는 규칙이 필요해요.

철사   규칙이요? 도덕적 실천을 위한 규칙도 필요하다는 말씀이죠? 그럼 그 규칙에 관해서도 설명을 해 주시겠어요?

실천에 필요한 존중과 자율성

철사   도덕적인 이론을 실천으로 옮기기 위해서는 동기와 무조건 명령, 그리고 규칙이 필요하다고요?

칸트   맞아요. 무조건 명령이기 때문에 무조건 실천으로 옮기게 하는 것이 중요하죠. 그러기 위해서는 규칙이 있어야 꼼짝 못 하고 실천하겠지요?

철사   규칙은 사실 지키지 않아도 되잖아요? 아무리 무조건 명령을 위한 규칙이지만 지키지 않으면 아무런 의미가 없잖아요?

칸트 맞아요. 모든 사람이 다 행해야 할 규칙이고 아무리
의무를 부여해도 도덕적인 행위는 하고 싶은 마음과
하고 싶지 않은 마음이 동시에 생기죠. 저뿐 아니라 철사
님을 비롯한 모든 사람이 다 그렇지요. 그래서 저는 한
가지 더 추가하려 해요.

철사 그것은 또 뭐죠? 빨리 알려 주세요.

칸트 바로 존중성과 자율성입니다. 규칙을 존중할 줄 아는
마음과 스스로 하려는 마음입니다. 만약에 법이든
규칙이든 그것을 존중하지 않으면 절대로 지켜지지
않습니다.

철사 맞아요. 저는 그 말씀에 크게 공감합니다. 우리가 무엇을
한다는 것은 좋아서 하죠. 그리고 존중하는 마음이
없다면 절대로 좋아서 할 생각이 들지 않죠.

칸트 좋아하고 존중하면 스스로 하고 싶은 마음도 생기겠죠?

철사 맞아요. 좋음, 존중, 스스로 하는 것은 하나로 연결되어
있네요. 그런데 법에서 새로운 법이 나오고 규칙에서
새로운 규칙이 나오면 어쩌죠?

칸트 그래서 저는 이 무조건 명령에 대한 규칙을 모든
규칙이나 법 위에 두고 싶어요. 가장 높은 규칙 혹은 모든

도덕적 규칙의 첫 번째 규칙으로 정하면 모든 규칙이
여기서 나오고 이 규칙이 사라지거나 변하는 일은
없겠죠.

철사　아, 그런 것이 있었군요. 그래도 풀리지 않은 것이
있어요. 아무리 첫 번째 도덕적 규칙을 의무로 정해도
지키지 않으면 어떻게 돼요?

칸트　습관화해야죠. 교육과 실천 또는 경험을 통해! 하지
않으면 안 되는 그런 습관화!

철사　습관화요? 어떻게 습관화한다는 말씀인지요? 이건 정말
설명을 듣지 않을 수가 없네요.

좋은 습관으로 하루를 시작하기

칸트　저는 일단 새벽 5시에 일어나서 홍차 두 잔을 마신
다음, 7시부터 9시까지 강의를 합니다. 강의가 끝나면
오후 1시까지 집필에 몰두하죠. 그리고 점심을 먹으며
친구들과 이야기를 나눈 다음 혼자만의 산책을
즐깁니다. 그리고…….

철사　잠깐만요! 마을 사람들이 칸트 님이 산책하는 것을 보고
시계를 맞췄다는 그 이야기가 사실이었군요?

칸트	바로 여기서 제가 했던 습관의 생활화가 나옵니다. 사실 오전 일과는 대학생을 상대로 강의를 하는 시간이기 때문에 다른 사람들은 잘 모릅니다. 하지만 이 산책이야말로 우리 동네 사람들이 다 아는 사실입니다.
철사	대체 어떤 산책을 하셨기에 당시의 동네 사람뿐 아니라 오늘날 우리에게도 유명한 거죠?
칸트	예를 들어, 정각 2시에 집을 나서서 4시에 집에 돌아온다고 합시다. 그런데 중간에 지나가는 곳이 있겠죠. 제가 일정한 시간에 각 장소를 지나간다는 것이죠.
철사	그런데 그 시간이 아주 정확하다는 이야기군요.
칸트	2시에 집을 나서고 2시 30분에 쾨니히스베르크성 앞을 지나간다고 가정합시다. 이때 저를 본 사람은 자신의 시계는 보지 않고 2시 30분이라고 생각하는 거죠. 그리고 자신의 시계가 2시 30분이 아니면 바로 고치고요.
철사	그래서 인간 시계라는 별명을 얻었군요.
칸트	이런 저를 고리타분한 사람, 앞뒤가 막힌 사람이라고 말할 수도 있겠지만, 제가 정말 중요하게 생각하는 것은 바로 습관입니다. 이 습관이야말로 도덕적 행위를 하기 위한 규칙인 정언명법을 만듭니다. 그리고 이

정언명법으로 우리 모두가 갖고 있는 선의지를 실천할
수 있다고 생각합니다.

철사 그래서 칸트 님이 습관의 중요성을 강조하신 거군요.

칸트 제 뜻을 이해해 준 철사 님께 감사드립니다.

오늘 칸트 님과의 인터뷰를 정리해 보겠습니다. 먼저 우리는 의무론을 바탕으로 도덕적 행위를 해야 한다고 했습니다. 그리고 모든 사람은 악이 아닌 선을 행하려는 의지를 갖고 있는데, 그것을 칸트 님은 선의지라고 정의했고요.

선의지는 무조건적 행동으로 옮겨야 하는 명령인 정언명법으로 실천되어야 합니다. 이 정언명법의 실천을 위해서는 규칙에 대한 존중과 스스로 행하려는 태도인 자율성도 필요합니다.

무엇보다 실천을 위해서는 몸에 밸 정도로 열심히 훈련해야 한다는 칸트 님의 조언과 실제로 그렇게 살았던 칸트 님의 삶에 감명받았습니다. 자, 여러분도 도덕적 행동은 무조건 해야 한다는 칸트 님의 생각이 습관화되도록 꾸준히 노력하시기 바랍니다. 칸트님처럼 생산적인 아침 습관을 가질 수 있더면 더 좋고요.

오늘 함께해 주신 칸트 님께 감사의 뜻을 전하며 '좋아요' 꾸욱 누르는 것 잊지 말아요! 여러분, 안녕! 다음 시간에 만나요! #선의지 #정언명법 #습관

내 삶은
내가 선택합니다
@밀
구독자분들을 위해 타임라인 찍어 드립니다!
1:27 말의 자유
1:30 개인의 자유
1:34 사회적 권위
1:38 개인에 대한 사회의 권한
1:42 내 삶은 나의 선택
1:45 MC 요약

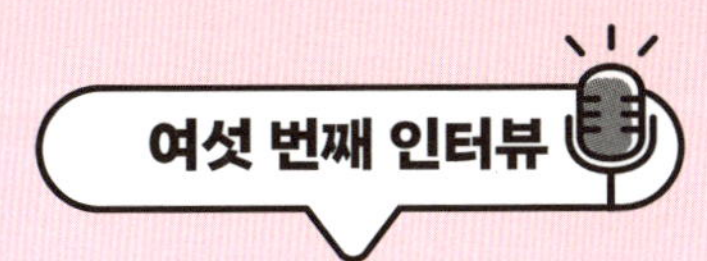

존 스튜어트 밀

1806년 ~ 1873년

1688년, 명예혁명 이후 영국의 급진적 사상가들은 '최대 다수의 최대 행복'을 외치며 공리주의 철학을 완성했다. 공공의 이익을 선으로 두는 공리주의는 존 스튜어트 밀에게 큰 영향을 주었다. 밀은 공리주의를 바탕으로 한 걸음 더 나아가 영국 국민에게 자유의 중요성을 강조한 철학자로 잘 알려져 있다.

철학자 존 스튜어트 밀의 아버지이자 철학자이며 경제학자인
제임스 밀은 영국의 공리주의를 대표하는 철학자 제러미 벤담과
함께 영국 사람이 행복해지는 길을 추구했습니다. 아버지 밀은
행복하기 위해서는 교육이 중요하다고 생각하고 아들 밀을 어렸을
때부터 직접 교육시켰습니다. 아버지의 영향을 받고 자란 밀은
공리주의자로 성장했습니다.

밀은 아버지로부터 논리적인 사고 교육과 공리주의 교육을
받았습니다. 저명한 인사들을 만날 수 있는 기회도 많이
가졌습니다. 20대 초반의 밀은 헤리엇이라는 젊은 부인을 만나
자유의 중요성도 깨닫게 되었습니다. 자유주의 철학의 주인공
철학자 밀 님을 오늘 이 자리에 소개합니다. 안녕하세요?

밀   안녕하세요, 여러분! 방금 소개받은 자유주의 철학자
밀입니다.

철사 자유주의 철학자라고 하셨는데 정말 자유로운 것
맞습니까?

밀 물론 맞죠. 왜요? 제가 여기 올 때 누구 허락받고 오는 줄
아셨나요? 아닙니다. 전 무엇이든 자유롭게 합니다.

철사 아, 워낙 부인과 가족을 사랑하신다는 이야기를 들어서
혹시 사모님의 허락을 받고 온 것은 아닌가 하고 여쭌
말입니다. 하하하!

밀 철사 님은 나오실 때 누구 허락받고 나오시나요?

철사 저는 우리 시청자분들이 기다리실 거라고 믿고
나오지요.

밀 저도 뭐, 최소한의 허락은 받고 나오죠. 그 정도는 자유
안에 포함된다고 봅니다.

철사 자, 우리 농담은 이쯤 하고요, 구독자분들께 정식으로
인사하시죠?

밀 안녕하세요? 이름이 좀 깁니다. 존 스튜어트 밀입니다.
오늘 이 자리에 초대받게 되어 대단한 영광으로
생각합니다. 먼저 '좋아요' 꾹 눌러 주시고 저와 자유에
관한 이야기를 자유롭게 나누도록 하시죠. 감사합니다.

철사 자유에 대해서라고 밀 님이 말씀하셨는데 정말 오늘
기대됩니다. 자유도 참 종류가 많잖아요. 오늘 무슨

자유부터 준비하셨나요?

밀 우리가 지금 만나서 이야기를 나누고 있으니까, 말에
관한 자유부터 이야기할까 합니다. 괜찮죠?

철사 네, 아주 좋습니다. 그럼 밀 님께 말의 자유에 대해서
들어 보도록 하겠습니다.

말의 자유

밀 철사 님, 우리는 여기저기서 참 많은 말을 합니다. 이때
하고 싶은 말을 할 수 없다면 어떻게 될까요?

철사 아마 화가 나겠죠. 그래서 밀 님은 말의 자유를
주장하시는 것입니까?

밀 말을 못 하게 하는 것보다 더 화나는 경우도 있을
것입니다. 많은 사람이 한 사람의 의견을 무시하고
침묵을 요구하면 어떨까요?

철사 오, 정말 억울할 것 같네요. 한 사람에게 침묵을 요구할
권리가 누구에게 있나요?

밀 그래서 저는 말, 언론, 사상의 자유가 필요하다고
생각합니다.

철사 국가나 사회는 공공의 이익을 생각해서 개인의 주장을

막을 수도 있잖아요?

밀　물론 대부분의 경우, 개인이 국가의 이익을 생각하고
국가의 뜻에 따르는 것이 모두에게 이익이 되겠죠.
그런데 이런 경우는 어떨까요? 소크라테스는 청년을
타락시키고 국가에서 믿는 종교를 믿지 않는다는 이유로
사형을 당했습니다. 소크라테스를 재판한 사람들은
자신들에게는 어떤 잘못도 없다고 할 것입니다. 법에
따라 정당한 재판을 했다고 생각하겠죠.

철사　소크라테스의 재판은 저도 가슴 아프게 생각합니다.
그런데 말의 자유와 무슨 상관이 있습니까? 그저 그
재판이 한심스러울 뿐이죠.

밀　이런 경우가 국가가 공공의 이익을 위해서 개인이 하고
싶은 것을 막는 경우라고 생각해요. 즉, 국가라는 큰
권력은 자신들이 탄압하는 것이 진리라고 생각하는
거죠.

철사　소크라테스의 모든 행동은 국가에 도움이 되지 않는다.
그래서 소크라테스가 젊은 사람과 같이 자유롭게
이야기하는 것을 막는 것이 국가로서는 이익이다. 당시
아테네의 지도자와 권력가 들은 그렇게 생각했다는
말씀이군요.

밀   그렇습니다. 언론이나 말의 자유를 위해서 우리가 꼭

생각해야 하는 것은 권력이 탄압하고자 펼치는 논리를

진리라고 믿는 잘못을 저지르지 말아야 한다는 거죠.

철사   그런데 반대로 탄압받는 의견이나 말이 진리가 아니라

정말 잘못된 것일 수도 있잖아요? 밀 님은 그런 경우에는

탄압을 받아도 된다고 생각하십니까?

밀   오! 역시 철사 님, 날카롭네요. 이런 경우도 저는 안

된다고 생각합니다. 말이나 의견이 잘못되었다고 해서

무조건 탄압은 안 됩니다. 왜냐하면 앞에서 말씀하셨죠?

한 사람의 의견을 침묵 시킬 권리가 우리에게 없다고요.

일단 그 사람의 주장이 진리인지 아닌지 토론이나

토의를 통해 확인해야겠죠. 만약 토론을 통해서 그

주장이 진리가 아니라고 결론이 나면 제 생각에는 그

사람이 스스로 그 의견을 철회하리라 생각합니다.

철사   아, 네. 밀 님은 아무리 진리가 아닌 것으로 보이는

주장도 자유로운 토론을 통해 확인해야지, 탄압해서는

안 된다는 말씀이시군요.

밀   맞아요. 자신과 반대 의견의 내용을 분명히 알고, 의견에

동의하는 사람 수와 관계없이 의견을 제대로 바르게

평가해 주어야 해요. 이런 토론이야말로 진정한 자유

토론이에요. 말하기의 자유가 보장되는 것이죠.

철사 네. 잘 알겠습니다. 오늘 여러분은 밀 님을 모시고 자유에 관한 이야기를 듣고 계십니다. 다음은 어떤 자유에 대해서 말씀해 주시겠습니까?

밀 저는 언론이나 사상의 자유만큼 개인의 자유가 중요하다고 생각합니다.

철사 그렇죠. 정말 중요하죠! 개인의 자유에 대해서 밀 님의 말씀을 들어 보겠습니다.

개인의 자유

밀 사실 말의 자유보다 더 중요한 것은 개인의 자유입니다.

철사 그러네요. 개인의 자유가 없다면 언론과 사상 그리고 토론의 자유도 아무 소용이 없네요.

밀 그렇습니다. 그래서 저는 개인이 마음 놓고 행동할 수 있는 자유가 꼭 필요하다고 생각합니다. 하지만 개인의 자유란 아무렇게나 행동하는 걸 말하는 것이 아닙니다. 개인의 자유 가운데 한 가지에 한해서 이야기하고자 합니다.

철사 우리가 흔히 개인의 자유에는 책임이 따른다고

하잖아요. 그래서 자유라는 것이 아무렇게나 하는
행동이 아니라는 것은 알겠는데, 한 가지에 한해서
말하신다고요?

밀   네. 정신적인 개인 활동만 말씀드리겠습니다. 저는
정신적 활동이 자유로워야 개인의 의견도 자유롭게 말할
수 있다고 봅니다.

철사   맞아요. 언젠가 들어 본 말이 있어요. 자유로운 정신적
활동이 자유로운 행동을 하게 한다. 물론 이때도 자유에
따른 책임과 위험은 개인이 져야 하고요. 밀 님, 맞죠?

밀   네, 맞습니다. 우리는 우리 나름대로 자유로운 정신적인
활동을 합니다. 그런데 모든 사람이 다 이렇게 행동하면
어떻게 될까요? 분명 충돌이 생길 것입니다. 사람은
완전하지 못하기 때문에 어쩔 수 없이 생기는 현상일
것입니다. 물론 아무리 자신의 자유에 책임을 진다고
하더라도 말입니다.

철사   그렇게 되겠네요. 그럼 어떻게 해야 이 혼란스러운
상황을 극복할 수 있죠?

밀   우리에게는 개인의 고유한 성품이라 할 수 있는 개성이
있습니다. 자유로운 개성이야말로 행복을 가져다
줍니다. 문제는 대부분의 사람은 이 개성에 대해서

존 스튜어트 밀

무관심하거나 심지어 인정하지 않는다는 것입니다. 심지어 어떤 사람은 개성이야말로 사회 공동체의 발전에 아무런 도움이 되지 않는다고 생각합니다.

철사 맞아요. 청소년들은 자기 나름 개성을 살리려 하는데 어른들이 아주 무시하는 경우가 너무 많아요. 전적으로 동의합니다. 밀 님! 도와주세요.

밀 철사 님도 많이 당하셨나 보네요. 개성과 자유가 만날 때 사람의 행동이 다양해지고 개인의 생활에 활력이 생겨 다양한 변화가 일어납니다. 이때 독창적인 사고가 생겨납니다. 이 독창적인 사고야말로 자유로운 정신 활동에서 생겨나는 것이죠. 저는 언제나 철사 님의 개성을 응원합니다.

철사 맞아요. 다양한 개성이야말로 그 사람을 그 사람답게 만드는 중요한 것이라 생각해요.

밀 그렇죠. 우리는 어떤 누구도 흉내 낼 수 없는 나를 평생을 통해 만들어 갑니다. 이때 수없이 많은 외부적인 욕망과 충동이 생기고 혹은 거기에 빠지기도 하면서 우리는 나 자신을 만듭니다.

철사 밀 님은 충동과 욕망에 빠지면서 자신을 만들어 나가는 것이 옳다고 생각하십니까 아니면 잘못된 것이라고 생각하십니까?

밀   철사 님이 왜 그런 질문을 하시는지 전 너무나 잘 압니다.
어떤 사람은 나쁘다고 하고 또 어떤 사람은 괜찮다고
하죠, 그렇죠? 저는 개인의 개성이 없다면 사회의 발전은
말할 것도 없고 개인의 성장도 없다고 생각합니다.

철사   역시, 밀 님은 제 편이군요. 정말 감사합니다. 이유에
대해서 좀…….

밀   공동체는 획일적인 것을 좋아합니다. 그러다 보니 튀는
사람, 천재, 거침없이 행동하는 사람들을 싫어합니다.
싫어할 뿐 아니라 심할 경우 개성적인 행동을 못 하게
감시하고 획일적으로 살게 강요까지 합니다.
하지만 이런 개성이 확실한 사람의 생각을 받아들인
사회가 더 발전했음을 우리는 역사에서 확인할 수
있습니다. 역사를 움직인 황제와 왕 들 역시 뛰어난
철학자를 스승으로 모시고 배우면서 제국과 나라를
통치했습니다.

철사   맞아요. 아리스토텔레스는 알렉산드로스 황제를
키워 냈고, 마르쿠스 아우렐리우스 황제는 스스로
철학자이기도 하죠.

밀   아주 적절한 예를 들어 주셨네요. 정신적 자유가 곧

개인 행동의 자유로 이어지죠. 개인 행동은 개성을 통해 나타나고요. 사회가 다양성을 인정하지 않으면 개성에 따른 개인 행동의 자유가 보장되지 않습니다.

철사   우리 구독자분들도 개인의 자유가 무엇인지 충분히 이해했으리라 믿습니다. 다음 주제로 넘어가 보지요. 어떤 주제를 준비하셨나요?

밀   개인의 자유를 보장받기 위해 저는 사회적 권위가 제한되어야 한다고 봅니다.

철사   네. 그렇다면 다음 주제는 사회적 권위에 대한 것이 되겠군요. 부탁드립니다.

사회적 권위

철사   밀 님, 사회적 권위와 자유가 서로 어떤 관계가 있는지 이해가 안 되는데요?

밀   철사 님이 무슨 말씀을 하시려는지 알아요. 둘 사이에 무슨 자유 하시겠죠? 제가 주장하고 싶은 것은 사회적 권위가 너무 강하면 개인의 자유가 침해당한다는 거예요. 그래서 우리는 어떤 방법으로든 사회적 권위에 한계를 두어야 합니다.

철사 맞아요. 인간은 사회적 동물이라는 말이 있잖아요. 사회와 개인은 떼려야 뗄 수 없는 관계죠.

밀 철사 님, 사회와 개인이 함께 잘 살려면 뭐가 필요할까요?

철사 밀 님, 혹시 규칙이나 법을 준수해야 한다 뭐 그런 것을 말씀하시나요?

밀 맞아요. 바로 그거예요. 그런데 법과 규칙은 개인만 지키는 것이 아니라 사회도 지켜야겠죠? 그러기 위해서는 사회와 개인은 서로의 이익을 빼앗거나 침해하면 안 되겠죠. 그런데 이것보다 더 중요한 게 있어요.

철사 서로의 이익을 침범하는 걸 막는 것보다 더 중요한 게 있다고요? 사회와 개인 사이에요? 뭐죠?

밀 조금 전에 인간은 사회적인 동물이라고 했죠? 이것이 의미하는 것은 사회적인 활동을 하는 존재라는 것입니다. 우리는 사회가 움직이게 많은 활동을 합니다. 재화를 생산하는 노동은 물론이고 사회를 보호하는 일, 그리고 공동체에 소속된 사람을 지키는 일까지 다양한 활동을 합니다.

철사 사회도 개인을 보호하지만 개인도 사회를 보호한다는 의미군요.

밀   철사 님! 철사 님도 사회를 보호하기 위해서 무엇인가 하고 있다고 생각하니 갑자기 자부심이 느껴지지 않아요?

철사   맞아요. 그러네요. 그런데 개인이 사회에 무엇인가 하지 않으면 사회가 개인의 어떤 행동에 제약을 걸 수 있다는 말씀을 하시려는 것은 아니죠?

밀   안타깝게도 그렇습니다. 개인에게만 자유가 주어지고 사회 권위에 자유가 없다면 안 되죠. 그래서 저는 개인이 사회 권위에 도전하거나 자신의 일을 하지 않고 자유만 요구한다면 개인의 행동에 제약을 해야 한다고 봅니다.

철사   일방적인 자유는 없다는 말씀을 하시려는 거군요.

밀   사회생활을 하면서 법이나 규칙을 어기는 행동을 하면 안 되잖아요. 물론 어떤 경우, 규칙을 어기는 사람이 자신은 사회를 위해서 또는 공동체를 보호하기 위해서 그런 행동을 했다고 주장할 수 있어요. 하지만 이런 경우에도 사회는 개인에게 책임을 묻습니다.

철사   개인이 자신을 희생하면서까지 사회나 공동체의 이익을 위해서 행동하는 것이라 할지라도 규칙을 어기는 것은 피하라는 말씀이군요.

밀　네. 그런데 이때 중요한 것이 있습니다. 규칙을 어기는 사람에게 사회는 벌을 줄 것이 아니라 좋은 일을 할 수 있게 격려를 해야 한다는 것입니다. 개인은 사회가 정한 규칙이나 법을 잘 지키면서 살고 있다고 믿기 때문이죠. 그러니 개인의 자유를 간섭하지 못하게 사회 권위에 한계를 두는 것이 저는 옳다고 생각합니다.

철사　밀 님의 말씀을 듣고 보니 저희가 그냥 사회의 법이나 규칙을 지키는 것이 아니라 우리의 자유를 위해서 지키는 것이네요. 그래서 사회는 권위를 앞세워 개인의 자유를 막으면 안 되고, 사회적 권위에 한계를 정하는 것이 필요하고요.

밀　그러려면 먼저 사회가 개인에 대해서 어떤 권한을 갖고 있는지 알아봐야겠죠?

철사　다음 주제가 이렇게 정해지는군요. 밀 님께서 사회가 갖고 있는 개인에 대한 권한과 권한의 한계를 다음 주제로 정했습니다. 들려주시죠!

개인에 대한 사회의 권한

철사   사회가 갖고 있는 권한이 너무 크거나 많으면 개인의
자유를 막을 수 있다는 그런 말씀인 거죠?

밀   맞아요. 그런데 사회의 구성원을 보면 어떻습니까?
남녀노소가 다양하게 있지요. 무엇보다 사회에 꼭
필요한 재화를 생산하고 서비스를 제공하는 노동을 하는
사람이 있습니다.

철사   그렇죠. 한 사회가 움직이기 위해서 노동과 세금은
절대적으로 필요한 거죠.

밀   그런데 사회 구성원의 성격을 한번 살펴보면 정말
다양합니다. 착하고 일 잘하고 성실한 사람이 있는 반면
무절제하고 방탕한 사람, 심지어 남의 흉만 보는 사람도
있죠. 성실한 사람과 다르게 성실하지 못한 사람은
사회의 규칙을 어기고 타인에게 피해를 주기도 합니다.
문제는 바로 이때 생깁니다.

철사   그런 나쁜 사람들은 사회에서 법으로 다스리면
되잖아요? 문제될 것이 뭐가 있죠?

밀   철사 님의 말이 맞을 수도 있어요. 사회가 그런 사람에게
벌을 주는 이유는 사회 구성원이 나쁜 길로 가거나

망가지는 것을 방치할 수 없기 때문입니다. 그뿐만
아니라 사회의 구성원도 같은 구성원이 악의 길로 가면
같이 안타까워하면서 좋은 길로 인도해야 합니다. 즉
그들을 연민의 대상으로 대해야지, 그들을 보고 화를
내거나 원한을 품어서는 안 됩니다.

철사 밀 님이 너무 동정론으로 빠지는 것이 아닙니까? 그렇게
생각하지 않는 사람도 많이 있을 것 같은데요?

밀 맞아요. 이런 저의 주장을 반대하는 사람도 참 많이
있습니다. 하지만 저는 성인이 어린이를 보호하듯이
도박꾼, 술주정뱅이 같은 사람을 사회가 보호해야
한다고 생각합니다.

철사 사회가 그들을 보호하고 치료하려면 결국 개인들이 낸
세금으로 해야 하는데, 반대하는 사람이 많지 않을까요?

밀 철사 님의 말씀이 맞아요. 그래서 사회는 도박을 못
하게 법으로 정하거나 술 판매를 금지하거나 구입
연령을 제한하거나 하죠. 그것으로 해결되지 않을 경우
세금으로 경찰을 뽑고 재판관을 선발해 이를 어긴
사람들을 처벌합니다. 문제는 시간이 지나면서 사회가
법에 따라 하는 이런 일들이 사회의 권리이며 재량권인
것처럼 되었다는 것입니다. 사실은 사회적인 규칙으로

막을 수 없는 것이 사상과 말의 자유고 개인의 자유인데
말이죠.

철사 자유에는 책임이 따른다고 했잖아요. 그 정도면 자유에
따르는 책임을 포기한 것 아닙니까? 그러니 사회에서
개인의 자유를 제한할 수밖에 없는 것이고요.

밀 네. 법이나 규칙이란 그런 것이죠. 다만 사회가 이런
것을 권리라 생각하고 너무 광범위하게 적용해서 개인의
자유를 박탈한다는 것이 문제죠.
특히 요즘 사회는 계약 사회입니다. 노동을 하기 위해
계약서를 먼저 작성합니다. 기업에서는 노동자에게
모든 권리를 보장하는 것처럼 이야기하지만 계약서에
작성된 내용 중에 불리하게나 불합리한 것을 노동자가
조금이라도 어기면 바로 법적인 책임을 묻잖아요. 이런
것도 저는 사회적 권리의 행사라고 생각합니다.

철사 그러네요. 밀 님이 말씀하시는 것을 듣고 보니 우리
주변에서 많이 일어나는 일이네요. 정말 먼 훗날에
벌어질 남의 일이 아니라 지금, 내 일일 수도 있다는
생각이 듭니다.

밀 맞아요. 심지어 휴일 없이 일하는 노동자도 생겨날
것입니다. 그럴 일은 없어야 겠지만 악덕 기업인이

계약을 할 때 연차나 휴가나 공휴일 없이 일해야 한다고
명시하고 노동자가 동의했다고 가정합시다. 그러면 어떤
일이 발생할지 생각만 해도 끔찍합니다.

철사 우리 사회에 그런 일이 생기면 절대로 안 되겠죠.

밀 맞아요. 사회적 권한은 개인의 자유를 구속하죠. 개인의
자유를 빼앗는 이런 권한의 한계는 어디까지일까요?
개인은 당연히 사회나 다른 사람에게 피해를 주지 않는
범위 안에서 자유를 누리겠지만, 사회도 개인의 자유가
최대한 보장될 수 있게 넓은 아량으로 권한을 축소해야
한다고 생각합니다. 그러기 위해서는 사회의 권한이나
권위가 중요한가 아니면 개인의 자유가 중요한가 둘
중 하나를 택해서 사회에 어떤 원칙을 적용할 필요가
있다고 생각합니다.

철사 사회의 권위에 따라 살 것인가 아니면 개인의 자유에
따라 내 삶을 내가 선택할 것인가 하는 문제가 남는군요.
그럼 구독자분들은 자신의 삶을 위해 무엇을 선택할지
한번 생각해 보시기 바랍니다.

존 스튜어트 밀

내 삶은 나의 선택

철사 아, 너무 어려운데요. 나의 아름다운 삶을 위해 사회적 권위와 개인의 자유 중 하나는 포기해야 하나요? 둘 다 현명하게 가질 수는 없는 건가요?

밀 철사 님은 무엇이 더 중요하다고 생각하세요? 사실 사회적 권위와 개인의 자유는 모두 중요합니다. 마치 양팔저울처럼 어느 한쪽으로도 기울면 안 됩니다. 그래서 저는 어떤 원칙이 필요하다고 봅니다.

철사 밀 님의 말씀을 듣고 보니 정말 그런 원칙이 있다면, 원칙만 지키면 아무 문제가 없겠네요. 그럼 어떤 원칙이 필요할까요?

밀 저는 두 가지를 생각했습니다. 먼저 개인의 자유가 다른 사람에게 어떠한 영향을 미치지 않는 한 사회적 권위는 책임을 묻지 않는다. 다음으로 사회는 사회 전체를 지키기 위해서 필요하면 개인의 자유에 법적 제한을 할 수 있다. 이 두 가지만 지켜진다면 저는 아무 문제가 없다고 생각됩니다.

철사 저는 개인적으로 사회 전체를 지키기 위해 '필요하면' 이라는 말이 마음에 들지 않아요. 필요하다는 기준은 사람마다 다를 수 있잖아요.

밀 맞습니다. '필요하면'이란 조건은 너무 광범위하게
해석될 수 있다는 것을 저도 인정합니다. 사실 시험이나
선거와 같이 경쟁적인 것은 다른 사람의 이익을
침해한다고도 할 수 있습니다. 이런 경우 사회적 권위는
뒤로 한 발 물러나 개인의 자유를 지켜야 된다고 봅니다.
하지만 사회적으로 물의가 될 수 있는 폭력이나 범죄와
같이 사회적 이익에 반대되는 것은 당연히 사회적
권위가 개인의 자유를 침해해도 된다고 봅니다. 그렇지
않으면 이 세상은 아비규환이 될 테니까요. 그 외에는
결코 사회적 권위를 내세워서는 안 되고요. 철사 님은
자신의 삶을 위해서 둘 중 무엇을 선택하시겠습니까?

철사 당연히 사회적 권위보다 개인의 자유를 먼저
선택해야죠. 개인의 자유를 우선으로 자신의 삶을 살고,
문제가 있으면 그에 대한 책임을 사회적 권위가 물을
테니까요. 개인의 자유야말로 내가 내 삶을 결정할 때
무엇보다 먼저 생각하는 것이네요.

밀 그렇죠. 사회적 권위와 개인의 자유는 서로 정해진
원칙을 적용하여 조금씩 양보하면 좋겠지만 개인의
자유가 먼저 생각되어야 하겠죠.

철사 　간단하게 답이 나왔네요. 사회적 권위와 개인의 자유를 접시에 올린 양팔저울이 기울지 않으려면 서로가 조금씩 양보하면 된다는 말씀으로 끝을 내겠습니다. 밀 님! 오늘 저의 초대에 응해 주서서 정말 감사합니다.

밀 　저야말로 이런 자리를 마련해 준 철사 님과 여러분께 감사드립니다. '좋아요' 아시죠?

철사

오늘 밀 님을 모시고 '나의 삶은 내가 선택한다'라는 주제로 말씀을 나누었습니다. 개인의 자유야말로 나의 삶을 지키는 가장 중요한 것임도 알았습니다. 그러기 위해 먼저 언론, 토론, 말하기의 자유가 필요했습니다.

그다음으로 개인의 자유의 중요성과 그에 따른 책임도 함께 알아봤습니다. 무엇보다 사회적 권위와 개인의 자유의 관계를 제대로 이해하는 것이 내가 나의 삶을 만들어 나갈 때 얼마나 중요한지도 짚어 보았습니다.

결국 원칙을 정하고 서로 조금씩 양보하면 개인의 자유가 보장되고 사회도 안전하며, 자신의 삶을 자유롭게 꾸려갈 수 있다는 것을 알았습니다.

다시 밀 님께 감사드리며, 여러분도 자신이 선택한 삶을 위해 개인의 자유를 마음껏 누리시길 바랍니다. 자유로운 우리의 삶을 위하여! 철사가 응원합니다. 감사합니다. #개인의 자유 #사회적 권위

긍정은 나의 힘
@니체
구독자분들을 위해 타임라인 찍어 드립니다!
1:51 선과 악
1:55 귀족 도덕과 노예 도덕
1:59 양심
1:62 망치를 든 철학자
1:64 아모르 파티
1:69 MC 요약

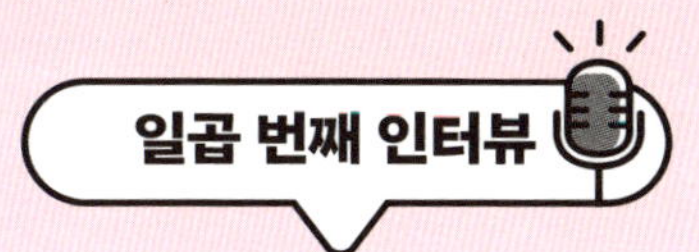

프리드리히 니체

1844년 ~ 1900년

개신교 목사의 아들로 태어난 니체는 어머니의 뜻에 따라 신학과에 입학했다. 하지만 니체는 신앙심이 사라지면서 철학에 관심을 갖게 되었고 고전문헌학 교수가 되었다. 유럽의 전통을 깨고 싶었던 그는 군대에서 얻은 병 때문에 교수직을 사직하고 병중에도 여동생의 도움을 받으며 많은 저서를 남겼다.

'망치를 든 철학자'로 알려진 니체는 유럽 문명의 출발이 잘못되었다고 주장했습니다. 잘못된 출발이 유럽의 전통적인 문명이 되었기 때문에 망치로 그것을 깨고 새로운 것을 세워야 한다고 했습니다. 새로운 문명을 위한 첫 번째 작업으로 그는 "신은 죽었다"고 선언했습니다. 이러한 니체의 주장 때문에 많은 사람들은 그를 무신론자라고 합니다.

니체는 자신이 세울 유럽의 새로운 문화 속에서 사람들은 긍정적이며 행복하게 살 수 있다고 믿었습니다. 우리는 그의 철학을 통해서 '아모르 파티'에 이를 수 있다고 생각합니다. 오늘의 주인공 니체 님을 모셨습니다. 어서 오십시오. 니체 님, 안녕하세요?

니체 안녕하세요, 여러분? 방금 소개받은 망치를 든 철학자 니체입니다.

철사 오늘도 망치를 들고 나오셨군요. 뭘 그렇게 깰 것이 많아 늘 이렇게 망치를 들고 다니십니까? 기왕 나오셨으니 많은 것을 깨 주시기 바랍니다.

니체 저는 깨는 걸 좋아합니다. 깨야 새로운 것을 만들 수 있잖아요? 그렇지 않습니까? 저도 이제 깨는 솜씨가 많이 늘어 뭐든 잘 깹니다.

철사 깨는 것은 조금 있다 깨시고 우선 저희 구독자분들께 인사 좀 해 주십시오.

니체 깨는 것에 빠져 정말 중요한 것을 잊었네요. 정말 죄송합니다. 아버지가 지은 제 이름은 프리드리히 빌헬름 니체입니다. 아버지가 프로이센의 프리드리히 빌헬름 4세를 너무 좋아하셔서 제 이름도 이렇게 지었습니다. 하지만 전 빌헬름이 싫어서 제 이름에서 뺐습니다. 그래서 제 이름은 아버지에게는 정말 미안하지만 프리드리히 니체입니다. 오늘 이 자리에 초대받아 정말 영광입니다. 먼저 '좋아요' 누르시고 저의 망치 소리를 들어 보시기 바랍니다.

철사 아버님이 지어 주신 이름을 함부로 그렇게 바꾸어도 됩니까?

니체 저는 깨는 것을 좋아해서, 되고 안 되고는 그다음

문제라고 생각합니다. 일단 그렇게 이름부터 깨

봤습니다.

철사 뭐, 이름은 그렇게 중요하지 않습니다. 오늘 무슨

말씀부터 준비하셨는지요?

니체 아무래도 이 이야기부터 합시다. 우리가 사랑이라는

행복에 빠지려면 무엇보다 긍정적인 생각을 해야겠죠?

그러기 위해서는 선과 악의 문제를 먼저 생각해 봐야

합니다.

철사 네. 아주 좋습니다. 먼저 니체 님의 선과 악에 대한

말씀부터 듣겠습니다.

선과 악

니체 철사 님은 혹시 자신을 잘 알고 게시나요?

철사 왜 이러세요, 니체 님? 저에 대해서 저보다 더 잘 아는

사람은 없죠.

니체 그런가요? 모든 사람은 자신에 대해서 잘 알고 있다고

생각합니다. 하지만 대부분의 사람은 자신을 탐구하지

않고 주변만 탐구합니다. 자연이 무엇인지 사람이

무엇인지는 참 많이 묻습니다. 그러나 사람은 자기

151

자신에 대해서는 아주 먼 존재처럼 대하죠.

철사 오, 그리고 보니 저도 나 자신보다 주변을 더 잘 아는 것 같네요.

니체 그렇죠? 도덕도 마찬가지입니다. 선과 악도 마찬가지입니다. 사람의 행동을 보고 선하다 악하다고 합니다. 그런데 이 선이란 어디에서 나왔을까요?

철사 그거야 당연히 나의 착한 마음 선한 행동에서 나왔겠죠?

니체 나의 착한 마음에서 선이 나왔을까요, 아니면 나의 선한 행동을 보고 남들이 나에게 선하다고 말하는 것에서 나왔을까요?

철사 니체 님의 말씀을 듣고 보니 사람의 행동을 타인이 판단한 다음 선하다 혹은 악하다고 한 것이 맞네요.

니체 그렇죠? 선과 악이란 단어는 이렇게 사람의 행동을 보고 판단하는 사람에 의해서 만들어진 단어라고 할 수 있어요. 그렇다면 누가 판단할까요?

철사 그러게요. 누가 판단하죠? 행동하는 사람의 주변에 있는 사람들이 판단하는 것 아닌가요?

니체 철사 님, 저는 이런 도덕적인 문제를 계보학적으로 한번 살펴봤습니다.

철사 니체 님, 잠깐만요. 계보학이 무엇인지 잠시 설명을 해 주셔야 할 것 같은데요.

니체　　철사 님, 족보가 무엇인지 아시죠? 한 가문이나 씨족의
혈연관계를 체계적으로 정리한 책이잖아요? 저는
학문에서도 이런 체계가 있다고 봅니다. 옛날부터
어떻게 이 학문이 만들어지고 발달했는지 족보처럼
살펴볼 필요가 있죠. 그것을 계보학이라고 합니다. 선과
악을 알아볼 때도 적용해 봅시다.

철사　　아, 네. 니체 님께서는 그럼 선과 악의 계보를 따져
보자는 말씀이군요.

니체　　그렇죠. 선과 악을 계보로 따질 때 저는 먼저 사람의
지위를 생각합니다. 사회에 여러 계급이 있을 수 있지만
저는 크게 지배 계급과 피지배 계급으로 나눕니다.

철사　　그렇다면 지배 계급 사람들이 피지배 계급 사람들의
행동을 보고 선한 사람 혹은 악한 사람으로
나누었겠네요, 맞죠?

니체　　물론 그렇게 생각할 수 있습니다. 하지만 저는 그렇게
생각하지 않습니다. 지배 계급 사람들은 자신들의
행동에 선이라는 말을 사용했습니다. 지배자들이
자신들의 행동을 선이라고 하면, 피지배자들은
지배자들이야말로 최고로 좋은, 혹은 선한 사람인 줄

알겠죠.

철사 그렇다면 피지배자들의 행동은 악한 행동인가요?

니체 그렇죠. 지배자의 눈에는 피지배자가 항상 악한 사람으로 보이는 거죠. 반면 피지배자의 관점에서는 지배자야말로 선한 사람이죠. 그래서 늘 관용이나 선 혹은 은혜를 베푸는 사람이 지배자가 되는 거죠.

철사 그렇다면 피지배자는 어떤 행동을 해도 악하다는 의미가 되네요. 하긴 귀족의 눈에는 서민들의 행동이 마음에 들 리도 없고 잘 봐 주려고도 하지 않겠죠. 그럴 필요가 없으니까요. 그래서 늘 꼬투리나 잡고 야단만 치죠. 피지배자가 어떤 행동을 해도 악일 수밖에 없네요.

니체 맞아요. 결국 선은 지배자의 것이고 그 반대인 악은 피지배자의 것이죠. 그래서 유럽에서 귀족은 항상 옳기 때문에 선하고, 서민들은 항상 잘못하기 때문에 악합니다.

철사 참 안타깝네요. 전 남의 눈 때문에 항상 행동을 조심해야 한다고 생각했는데, 계보학적으로 볼 때 계급에 따라 선과 악이 정해져 있다니 정말 화가 나네요.

니체 그렇죠? 더 화나는 이야기 들어 보시겠어요?

철사 이것보다 더 화나는 이야기가 있다고요?

니체   제가 왜 망치를 들었습니까? 선과 악은 도덕을 설명할 때 항상 기준이 되는 것이죠? 이 선과 악에 따라 귀족 도덕과 노예 도덕이 나누어져 있다는 것을 들어 보셨나요?

철사   네? 귀족 도덕과 노예 도덕이라고요? 빨리 들려 주세요.

귀족 도덕과 노예 도덕

니체   선과 악이 어떻게 계보학적으로 생겨났는지 알게 되면 귀족 도덕과 노예 도덕은 쉽게 이해가 되리라 생각합니다. 철사 님 정도라면요.

철사   그럼요. 금방 이해가 되네요. 선과 악이 도덕적 기준이라면 선의 짝은 귀족 계급이고 악의 짝은 당연히 노예 계급이겠네요?

니체   그렇습니다. 도덕도 계보학적으로 보면 지배자와 피지배자로 나누어져 있습니다. 귀족이 노예에게 베푸는 도덕과 노예가 귀족을 대하는 도덕은 당연히 달랐겠죠. 그런데 철사 님, 성직자의 도덕은 어떤 것일까요? 귀족 도덕 아니면 노예 도덕?

철사   성직자는 종교를 대표하는 분들이고 지위도 있으니 당연히 귀족 도덕 같은데 질문을 하시는 것을 보니 노예 도덕인 것 같기도 하고, 참 뭐죠?

니체 잘 추리하셨어요. 제가 볼 때 성직자는 노예 도덕입니다. 왜냐하면 성직자는 귀족 같은 힘이 없습니다. 전쟁이나 내란이 일어났을 때 성직자가 할 수 있는 것이 아무것도 없거든요. 성직자들은 귀족의 힘을 빌지 않으면 살아갈 수 없기 때문에 노예 도덕일 수밖에 없습니다. 반면 귀족들은 자신은 무조건 선하고 자신이 선을 베풀어 주는 대상이 되는 모든 사람은 악하다는 기준에서 봅니다. 성직자도 거기에서 벗어날 수가 없는 거죠.

철사 말씀을 듣고 보니 맞는 것 같긴 합니다만 갑자기 귀족이 미워지기 시작하네요.

니체 미워하지 않아도 자연스럽게 위치가 바뀔 수도 있습니다. 어느 나라 어느 시대나 노예들이 언젠가는 귀족에 반항하여 자신들의 권리를 주장하는 경우가 있습니다. 귀족 도덕은 강력한 힘을 가진 고귀한 귀족들의 도덕입니다. 하지만 이런 노예의 반란이 있고 나면 악한 것이 귀족 도덕이 됩니다.

철사 어떻게 그것이 가능하죠?

니체 전쟁이나 내란을 보면 귀족이 지나간 자리는 폐허만

남습니다. 불 지르고 약탈하는 등 귀족의 고귀함은
어디에도 찾을 수 없고 잔인하고 야만적인 모습만
남습니다. 노예가 반란을 일으키는 것은 언제일까요?
귀족의 박해를 더 이상 참을 수 없을 때 봉기합니다.
이때 노예들은 원한을 갖습니다. 저는 이것을 원한
본능이라고 말하고 싶습니다. 노예의 이런 원한 본능은
모든 것을 뒤집어 버립니다.

철사 그렇다고 노예가 귀족이 되는 것도 아니고, 귀족이
노예가 되는 것도 아니잖아요?

니체 그렇죠. 한 가지 예를 들어 볼게요. 귀족은 스스로
맹수라고 생각하고, 노예를 어린 양으로 보고 보호
본능을 느낍니다. 하지만 어린 양은 맹수에 대해 보호
본능이 아니라 원한 본능을 느낍니다. 그리고 맹수가
아무리 보호해 주겠다고 가까이 오라고 해도 가지
않습니다. 맹수는 보호 본능을 사랑이라 생각하지만,
어린 양은 그 사랑을 받아들이는 순간 희생물이 되고
마는 거죠. 그러니 원한 본능을 앞세워 맹수의 선을
악이라 생각합니다.

철사 니체 님의 예를 들어 보니 딱 맞는 말씀인 것 같아요.

니체 더 큰 문제가 있습니다. 노예는 자신들이 약하고

귀족은 힘을 갖고 있기 때문에 강하다고 생각합니다.
약한 노예들은 스스로가 선하다고 생각하고 자신들을
괴롭히는 귀족들이 악하다고 생각하는 거죠. 왜냐하면
선한 사람은 공격도 보복도 하지 않으며 남에게 어떤
피해도 주지 않는 사람이라고 생각하기 때문이죠.
그래서 그들은 스스로 선합니다.

철사 노예의 입장도 맞는 것 같네요. 그런데 귀족들은
자신들이 선하다고 했잖아요?

니체 그렇죠. 귀족은 자신들이 힘이 있기 때문에 베푼다고
생각하고 노예는 자신들의 도움 없이는 살 수 없고 항상
반란을 꿈꾸기 때문에 악하다고 생각하는 거죠.

철사 아, 그래서 니체 님이 도덕도 바뀔 수 있다고 하셨군요.
선과 악은 항상 바뀔 수 있고 선과 악이 바탕인 귀족
도덕과 노예 도덕은 그 위치가 바뀔 수 있는 거고요.
그렇다면 이 문제는 무엇 때문에 생기나요?

니체 저는 양심이라고 생각합니다.

철사 양심이요? 무슨 말씀을 하시려는지 전혀 감이
잡히지 않네요. 양심과 선악 문제의 관계라! 점점
흥미진진합니다. 니체 님에게 그 답을 들어 보겠습니다.

양심

철사　니체 님의 말씀을 듣고 보니 선과 악 그리고 귀족과 노예라는 대립적 쌍은 언제부터인지는 모르지만 지금까지 엎치락뒤치락 위치를 바꾸어 가면서 이어지고 있네요.

니체　철사 님은 기억이 무엇이라고 생각하세요? 기억은 지식을 축적할 뿐 아니라 약속을 지키게 해 주는 아주 중요한 것입니다. 모두 기억이 있기 때문에 가능한 것이죠. 그리고 약속을 지킨다는 것에는 두 가지 행동이 따릅니다. 하나는 약속을 하는 것이고, 다른 하나는 책임입니다.

철사　그러네요. 먼저 약속을 하고 그다음에 지키죠. 그리고 지킨다는 것은 약속에 대한 책임이고요.

니체　철사 님! 대단합니다! 그럼 이번에는 약속을 지키는 사람을 한번 생각해 볼까요? 책임을 다한다는 것은 스스로 사회 안에서 신뢰받거나 받기를 원하는 사람일 것입니다. 이런 사람은 자신을 강자라고 생각할 것이고 그 반대에 서 있는 사람은 무뢰하고 약속과 책임을 다하지 않는 사람이라고 생각할 것입니다.

철사 니체 님의 말씀을 듣고 보니 반박은 할 수 없습니다만,
약속이라는 것으로 결국 또 선과 악 또는 귀족 도덕과
노예 도덕으로 나누어지는 것처럼 보이네요. 나, 참!

니체 철사 님 난감하시라고 꺼낸 이야기는 아니긴 한데,
저도 좀 난감하긴 하네요. 좌우간 기억이 약속을 하게
만든다는 것, 책임감을 가지고 약속을 지키는 사람은
사회에 신뢰받는 사람으로 남고 싶어 한다는 것은
분명하죠. 이때 이런 행동을 하는 이유를 저는 양심
때문이라고 생각합니다.

철사 아, 드디어 오늘의 주제 양심이 나왔군요. 양심과
도덕이라……. 뭐, 감은 분명하게 옵니다.

니체 사회는 모든 사람에게 약속의 책임과 기억을 상기시키기
위해서 규칙이나 심지어 법까지 만들었습니다. 약속을
지키지 않는 사람에게는 벌을 가하거나 가혹한 희생을
요구했습니다. 많은 사람들은 이렇게 누군가가 법에
희생당하는 것을 보고 약속의 중요성을 알게 된 것이죠.

철사 결국 약속에 대한 책임은 스스로 진 것이 아니네요.
사람들이 벌을 받는 사람을 보고 신뢰할 수 있는 사람이
되려고 노력했다는 말씀과 같네요.

니체 그렇다고 볼 수 있죠. 그런데 사실 벌은 약속을 어긴 것에

대한 대가라기보다 피해자가 받은 고통의 대가입니다.
예를 들어서 나는 돈을 빌려주고 받지 못해 고통받는데,
빌린 사람은 벌만 받으면 끝입니다. 그나마 그 벌이 나의
고통을 들어주는 것이라고 여기죠.

철사　결국 약속을 어긴 사람의 벌은 돈을 대신하는 것과
같네요. 그런데 양심은요?

니체　돈을 빌려준 사람은 돈을 갚지 않은 사람이 벌을 받는
것으로 자신의 고통을 보상받는 것과 자비로 그 사람을
용서하는 것 중 어떤 것이 더 좋을까요?

철사　어차피 받지 못할 돈이라면 벌보다 좋은 사람으로 남는
것이 좋을 것 같기도 하네요.

니체　그렇죠. 저도 그렇게 할 것 같습니다. 바로 여기서
양심의 가책이 생깁니다. 돈을 갚지 않은 사람은 벌을
받으면 양심의 가책을 느끼지 못하겠죠. 하지만 용서를
받았다면 자비를 베푼 사람에게 엄청난 양심의 가책을
느끼고 보상하려 합니다.

철사　그럼 벌을 받는 사람은 양심의 가책을 느끼지 않나요?
벌이라는 고통도 양심의 가책을 느끼게 만들지 않나요?

니체　당연히 그렇죠. 벌을 받는 동안 잘못한 사람은 매우
불안하고 절망스럽겠죠. 벌을 받으며 느낀 이 불안과

절망이야말로 양심의 가책이라 할 수 있습니다.

그러면서 돈을 빌려준 사람이 베푼 자비에 감사하며

다시는 약속을 어기지 않겠다고 맹세하겠죠.

철사 결국 양심의 가책이 스스로 선과 악 그리고 귀족 도덕과

노예 도덕을 만들어 내는군요. 그래서 니체 님은 망치를

들었군요.

니체 맞습니다. 부숴야죠.

철사 니체 님께서 양심의 가책을 느끼게 하는 강자에게

망치를 휘두를 시간입니다. 기대해 주세요! 여러분!

망치를 든 철학자

철사 결국 약속을 어긴 사람은 강자로부터 선처를 받아도

그리고 벌을 받아도 양심의 가책을 느끼는 것은 같군요.

니체 태초의 사람들은 자연의 공포를 이겨 냈습니다. 이때

그들은 공포를 이긴 것이 자신들의 용기보다 조상의

도움이라 생각하고 감사의 제사나 축제를 올렸습니다.

시간이 지나면서 동물을 바친다거나 하면서 더 많은

희생을 했습니다. 문제는 지금부터입니다. 조상신에

대한 감사가 조상신에 대한 두려움과 공포로 변합니다.

조상을 강자라 생각하고 두려워하는 순간 제사를 드리는
후손은 약자가 되는 것이죠. 약자가 되는 순간 벌을
받는 죄인과 같은 심정으로 양심의 가책을 느끼는 거죠.
이때부터 사람들은 스스로를 괴롭히면서 치유 불가능한
병을 스스로 만드는 거죠.

철사　니체 님, 여기서 제가 궁금한 것은 스스로 양심의 가책을
느끼는 것입니까 아니면 누군가가 양심의 가책을 느끼게
한 것입니까? 조금 전에 말씀하신 돈 빌려준 사람과 돈
빌린 사람의 이야기와는 조금 다른 것 같아서요.

니체　그렇죠? 저는 강자가 만들어 냈다고 생각합니다. 제사나
축제를 열게 되면 제사장이나 축제장이 있을 것입니다.
그들은 대중이 양심의 가책을 계속 느끼게 함으로
끊임없이 조상을 찾고 제사장의 말을 듣게 만들어
대중을 구속합니다.

철사　이들이 결국 나중에 힘을 갖게 되고 귀족이 되는군요.
그러고는 마치 자비를 베푸는 것처럼 행동하고 죄를
없애 준다고 믿게 만들고…….

니체　맞아요. 이런 귀족들은 외적으로는 존경받고 인품이
남들보다 뛰어난 사람처럼 행동하면서 약자에게
끊임없이 양심의 가책을 이끌어 냅니다. 그래서 저는

프리드리히 니체

이런 사람들을 가장 싫어합니다.

철사 결국 망치가 등장하는군요. 이런 것을 부수지 않고는 결코 양심의 가책을 느끼는 사람들이 사라지지 않겠네요.

니체 맞아요. 사람은 자연에서 공포를 극복한 용기를 갖고 있어요. 자연의 성질과 본능을 닮은 사람들은 이렇게 평화롭게 살아가요. 또한 사람은 자연을 극복하는 것처럼 누군가를 굴복시키고 새로운 땅을 찾아 나서는 모험심도 있어요. 모험심이나 정복욕이 강한 누군가가 약한 사람들에게 양심에 가책을 느끼게 만든 다음 그들을 마음대로 조종하려는 거죠.

철사 이제 망치로 부술 사람이 정해졌네요. 니체 님이 이제 무서운 망치를 휘두를 차례입니다. 그다음은 어떻게 되죠?

니체 아모르 파티를 열어야죠.

철사 니체 님의 아모르 파티를 시작합니다. 여러분 화이팅!

아모르 파티

철사   계보학을 통해 살펴본 결과 양심의 가책을 느끼게 만드는 사람이 있다는 거죠? 그것만 없어지면 모두가 행복할 수 있고요.

니체   최소한 저는 그렇게 생각합니다. 그런데 재미있는 것은 선과 악 그리고 귀족 도덕과 노예 도덕은 항상 그 위치가 바뀔 수 있다는 것입니다. 그뿐만 아니라 서로가 선이며 귀족 도덕을 가지고 있다고 생각하고요.

철사   아, 그래서 긍정적이란 말씀을 하셨군요.

니체   그렇죠. 자신들에게 기회가 언제 찾아올지는 모르지만 언젠가는 온다는 긍정적인 생각을 갖고 자신에게 주어진 일을 열심히 하는 거죠. 이게 바로 '아모르 파티'입니다. 참 좋은 사고방식 아닌가요?

철사   그러네요. 이런 사고방식을 어떻게 하면 계속 이어갈 수가 있죠?

니체   제 망치로 하나만 더 부술게요.

철사   또 부숴야 할 것이 있나요?

니체   고대 그리스 신화에 따르면 태양신 아폴론은 이성적이고 합리적입니다. 반면 디오니소스는 포도주의 신답게

광기와 취기를 갖고 있습니다. 유럽 문화는 아폴론을
받아들이며 이성과 질서를 중요하게 생각합니다.
하지만 이런 아폴론적인 아름다움을 창조할 수 있었던
것은 디오니소스가 있었기 때문에 가능하다고 저는
생각합니다.

철사 아름다움은 질서와 조화 같은 것에서 나오지 어떻게
디오니소스적인 혼돈에서 나오죠?

니체 디오니소스의 광기에서 나오는 창조력은 무한합니다.
이것이 바로 아폴론적인 아름다움을 만드는
생명력입니다. 하지만 철학에서 이성을 강조하면서
디오니소스적인 감성은 설 자리를 잃고 말았습니다.
그러나 감성이 없다면 이성은 존재하지 않겠죠.

철사 니체 님의 말씀은 디오니소스가 먼저고 아폴론은
다음이라는 말씀인 거죠?

니체 그렇습니다. 저는 지금이라도 늦지 않았다고
생각합니다. 디오니소스와 아폴론의 위치를 바꾸어야
합니다. 물론 이렇게 하면 이성이라는 것 위에 세워진
유럽의 문화나 철학은 다시 정리되고 세워져야겠죠.

철사 니체 님의 망치는 그야말로 너무나 무지막지해 엄청난
새로운 작업을 요구하는군요.

니체 이렇게 아폴론적으로 이성적이고 합리적인 모든 사고가
무너져야 귀족들이 갖고 있는 사고도 함께 무너질 수
있습니다. 귀족들은 대부분 노예들 앞에서 잘난 체하고
품위를 지키려고 합니다. 하지만 저의 생각은 다릅니다.
사람은 누구나 본능적으로 행복과 쾌락을 추구합니다.
귀족이라고 다르지 않습니다.

철사 하지만 귀족은 아폴론의 이성적 행동 때문에 노예들
앞에서 그런 행동을 할 수가 없고 하지도 않는다는
말씀이군요. 그 체면 때문에…….

니체 귀족과 다르게 체면치레를 할 필요가 없는 노예들은
본능에 맞게 행복과 쾌락을 추구하며 삶을 즐깁니다.
그리고 언젠가 자신들이 귀족이 될 수 있다는 너무나
긍정적인 사고방식으로 그들의 뜻에 따릅니다. 그리고
노예가 없으면 귀족은 힘들게 살 수밖에 없다는 생각을
하면서 양심의 가책을 조금씩 느끼지요. 이 정도면
행복한 삶 아닙니까?

철사 그러네요. 디오니소스적인 쾌락과 행복이 결국
아폴론적인 이성과 합리성을 무너뜨리고 아모르 파티에
이르는 원동력이네요.

니체 맞습니다. 제가 계보학적으로 선과 악 그리고 귀족

도덕과 노예 도덕을 구별했지만 언젠가 이 쌍들은
순서가 바뀔 수 있습니다. 여러분은 이 사실을 결코 잊지
마시기 바랍니다. 오늘 제 망치는 여기서 접겠습니다.
감사합니다. 그래도 돼죠?

철사   아, 마지막 멘트는 제 건데 니체 님이 먼저 해 주셨네요.
감사합니다.

오늘 니체 님을 모시고 계보학적으로 도덕에 대해서 살펴보았습니다. 귀족과 노예는 각자 자기만의 귀족 도덕과 노예 도덕이 있다는 것, 강자가 약자에게 양심의 가책을 느끼게 만들어 스스로 그런 도덕을 만들었다는 것도 알아 보았죠.

니체 님은 그 이유를 고대 그리스에서 잘못된 철학과 문화에서 찾았습니다. 하지만 선과 악 같은 것은 고정된 생각이 아니라 항상 변할 수 있기 때문에 니체 님은 긍정적인 희망을 가질 것을 주문했습니다. 그래서 니체 님은 자신의 망치로 이 모든 것을 부쉈습니다.

아모르 파티를 진짜로 이해할 그날까지 항상 건강하십시오. 지금까지 철사였습니다. 다음에 또 만나요! 안녕! #도덕 #아모르 파티

참고자료

가이어 폴, 《칸트의 도덕형이상학 정초 입문》 김성호 옮김, 서광사, 2019

강성률, 《청소년을 위한 서양철학사》, 평단, 2025

김용관, 《데카르트, 철학에 딴죽을 걸다》, 탐, 2015

김주연, 《철학사 수업》(1, 2), 사색의 숲, 2021

디오게네스 라에르티오스, 《유명한 철학자들의 생애와 사상 1》, 김주일 외 옮김, 나남, 2021

르네 데카르트, 《데카르트의 성찰 입문》, 김성호 옮김, 서광사, 2020

르네 데카르트, 《방법서설》, 이현복 옮김, 문예출판사, 2022

르네 데카르트, 《성찰 : 모든 것을 의심하며 찾아낸 생각의 신대륙》, 이재환 옮김, 풀빛, 2014

문일호 외, 《중학교 도덕 자습서》(1, 2), 미래엔에듀, 2017

박찬구, 《칸트의 『도덕형이상학 정초』 읽기》, 세창출판사, 2014

박해용 외, 《청소년을 위한 친절한 서양 철학사》, 문예춘추사, 2021

버트런드 러셀, 《러셀 서양철학사》, 서상복 옮김, 을유문화사, 2020

아리스토텔레스, 《니코마코스 윤리학》, 홍석영 옮김, 풀빛, 2005

안광복, 《처음 읽는 서양 철학사》, 어크로스, 2017

요슈타인 가아더, 《소피의 세계》(합본), 장영은 옮김, 현암사, 2015

유재민, 《아리스토텔레스의 니코마코스 윤리학》, EBS BOOKS, 2021

윌 듀렌트, 《철학 이야기》, 임헌영 옮김, 동서문화사, 2023

임마누엘 칸트, 《도덕형이상학의 기초》, 강태원 옮김, 다락원, 2009

임마누엘 칸트, 《도덕 형이상학을 위한 기초 놓기》, 이원봉 옮김, 책세상, 2021

정창우 외, 《고등학교 윤리와 사상》, 미래엔, 2018

정창우 외, 《중학교 도덕》(1, 2), 미래엔, 2017

존 스튜어트 밀, 《공리주의》, 이종인 옮김, 현대지성, 2020

존 스튜어트 밀, 《자유론》, 박문재 옮김, 현대지성, 2018

프리드리히 니체, 《니체 인생 수업》, 김지민 엮음, 하이스트, 2024

프리드리히 니체, 《도덕의 계보》, 박찬국 옮김, 아카넷, 2021

프리드리히 니체, 《도덕의 계보학》, 홍성광 옮김, 연암서가, 2020

프리드리히 니체, 《선악의 저편》, 박찬국 옮김, 아카넷, 2018

플라톤, 《소크라테스의 변명》, 강철웅 옮김, 아카넷, 2020

플라톤, 《플라톤의 국가·정체》, 박종현 옮김, 서광사, 2005

플라톤, 《향연》, 강철웅 옮김, 아카넷, 2020

피플앤북스 편집부, 《청소년이 처음 만나는 서양 철학사》, 피플앤북스, 2020

한스 요아킴 슈퇴릭히, 《세계철학사》(상, 하), 임석진 옮김, 분도출판사, 2004

힐쉬베르거 요한네스, 《서양 철학사》(상, 하), 강성위 옮김, 이문출판사, 2022

철학 인터뷰, 그분이 알고 싶다

역대급 철학자 7명과의 신개념 철학 토크

초판 1쇄　2025년 9월 25일

지은이　서정욱

펴낸이　김한청
기획편집　원경은 차언조 양선화 양희우 장민기
마케팅　정원식 이진범
디자인　이성아 황보유진
운영　설채린

펴낸곳　도서출판 다른
출판등록　2004년 9월 2일 제2013-000194호
주소　서울시 마포구 동교로 27길 3-10 희경빌딩 4층
전화 02-3143-6478　**팩스** 02-3143-6479　**이메일** khc15968@hanmail.net
블로그 blog.naver.com/darun_pub　**인스타그램** @darunpublishers

ISBN 979-11-5633-724-9 43100

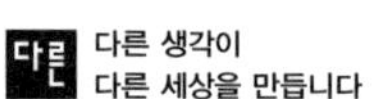